학생들은 수업시간에 왜 질문하지 않는가?

학생들은 수업시간에 왜 질문하지 않는가?

황청일 저

동 문 사

서 문

이 책은 대학의 교수-학습 상황에서 이루어지는 학습자들의 질문행동을 분석하고, 학습자 질문행동을 저해하는 요인들을 교수자, 학습자 그리고 환경의 상호 맥락적 관점에서 규명함으로써 학습자들의 질문행동을 촉진할 수 있는 교수 모형을 개발하고자 하였습니다.

이 책에서는 크게 ① 학습자들의 질문행동 실태, ② 교수자의 교수방법과 질문빈도에 따른 학습자들의 질문행동, ③ 학습자 질문행동에 대한 교수자와 학습자 간의 인식 차이, ④ 학습자들의 질문행동 과정, ⑤ 학습자들이 경험한 질문저해 요소, ⑥ 학습자 질문행동을 촉진할 수 있는 교수 모형 여섯 가지를 다루고 있습니다.

이 책에서 밝히고 있는 주요 내용은 다음과 같습니다. 첫째, 학습자들은 교수자에게 궁금한 것이 없어서 질문을 하지 않는 것이 아니라, 마음속에 질문이 존재함에도 불구하고 다양한 이유로 실제로 질문을 하지 않고 있습니다. 둘째, 교수자와 학습자는 모두 강의식 교수방법을 가장 선호하고 있으며, 학습자의 질문행동은 교수자의 교수방법이나 질문빈도에 따라 큰 영향을 받지 않는다는 것입니다. 셋째, 대학 교수-학습 상황에서 학습자 질문행동에 대한 교수자와 학습자 간에 인식의 차이가 뚜렷이 존재한다는 것입니다. 넷째, 학습자들은 인지적 갈등이 높을수록 마음속에 질문이 증가하며, 이러한 학습자들의 마음속에 생성된 질문은 학습자가 인식하는 교수자 지지와 환경적 지지가 높을수록 실제 질문행동으로 발전한다는 것입니다. 다섯째, 학습자들은 마음속에 질문이 있어도 교수자의 왜곡된 학습자 역할, 질문에 대한 잘못된 이해 그리고 다양한 부정적인 경험으로 실제로 질문하지 않는다는 것입니다. 여섯째, 교수자는 학습자 질문행동을 촉진하기 위해서는 올바른 학습자의 역할과 질문의 의미를 규명하고, 학습자의 인지적 갈등을 통한 마음속에 질문을 생성하도록 유도한 후, 학습자들에게 긍정적인 교수자 지지와 환경적 지지를 제공함으로써 학습자들이 실제로 질문할 수 있도록 도와주어야 한다는 것입니다.

이 책이 교수자와 학습자, 학습자와 학습자간의 상호작용이 보다 활발하게 이루어질 수 있도록 작은 도움이 되었으면 합니다.

차 례

Chapter 1

서론

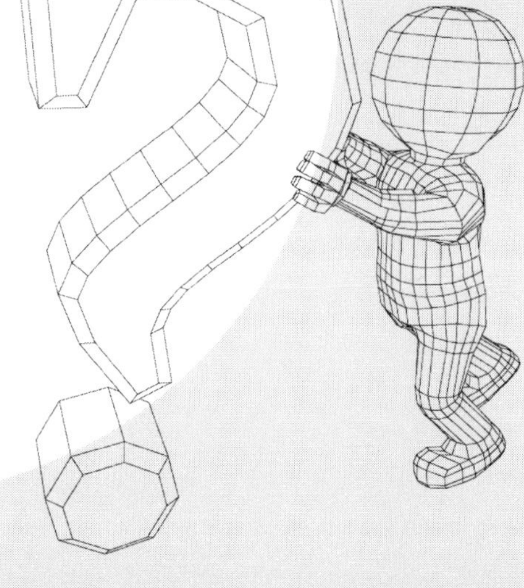

이 장에서는 연구의 필요성을 기술하고, 다음으로 연구의 목적과 그에 따른 연구의 내용을 제시한 후, 이 연구에서 사용되고 있는 주요한 용어들의 개념을 정의하였다.

1.1. 연구의 필요성

오늘날처럼 지식과 정보의 양이 폭증하고, 급격하게 변화하는 시대적 상황 속에서 학습자들이 주체적이고 능동적으로 문제를 형성하고, 처리하는 능력은 점점 그 중요성을 더해가고 있다. 이러한 사회적 변화에 따라 학습자들은 단순히 지식을 암기하고 회상하는 학습에서 벗어나, 기존의 습득한 지식을 바탕으로 스스로 올바르게 사고하고, 능동적으로 문제를 형성하며, 해결할 수 있어야 한다. 그러나 우리나라 초·중·고 교육기관들은 대학입시를 위한 교육, 즉 단순히 교수자의 설명에 따라 기본적인 사실이나 지식에 따른 정보의 암기와 회상을 강조하는 주입식 교육방식을 취하고 있어, 학습자들의 주체적이고 능동적인 사고력을 계발하는 것이 어려운 실정이다.

대학은 단순히 지식과 정보를 전달하고 배분하는 초·중등교육기관과는 다르게 지식과 정보, 그리고 가치를 창출하는 기능이 상대적으로 강하다(박완희, 1996; 전성연, 1995). 이러한 대학교육의 기능적인 면을 고려할 때, 고등교육의 장인 대학에서는 학습자들이 기존의 수동적인 학습태도에서 벗어나 보다 능동적으로 수업에 참여하고, 올바르게 문제를 형성하고 해결하며, 사고할 수 있는 능력을 가질 수 있도록 도와주는 것이 필요하다(Dierick & Dochy, 2001; Boud & Falchikov,

2006).

특히 오늘날 강조되고 있는 구성주의적 관점에서 교수-학습이란 학습자들이 자신의 기존 개념이나 경험에 근거하여 새로운 개념을 능동적으로 재구성해가는 생산적인 과정을 의미한다(Matthews, 2000). 학습자 질문(student question)은 이러한 구성주의를 실현할 수 있는 하나의 교수전략으로써 학습자의 높은 인지적 사고, 문제 해결 능력 그리고 학습효과를 높여줄 수 있는, 교수-학습 상황에서 매우 중요한 요소라 할 수 있다(Chin & Brown, 2002; Graesser & Olde, 2003; King & Rosenshine, 1993;; Pedrosa de Jesus, Almeida, & Watts, 2002; Pizzini & Shepardon, 1991; Yu et al., 2003).

교수-학습 상황에서 학습자 질문은 여러 가지 긍정적인 역할을 한다. 첫째, 학습자 질문은 수업에서 학습자가 스스로 문제를 제기함으로써, 학습자의 소극성을 낮추어 자율적이고 능동적인 수업태도를 형성하도록 도와주고, 교실의 활발한 상호작용을 도모한다(Bonnstetter, 1988; Cashin, 1995; Pedrosa de Jesus et al., 2003). 둘째, 학습자 질문은 학습자가 언어적으로 수업에 참여함으로써, 학습자의 동기를 유발하고, 교과내용에 대한 학습자의 개념 이해, 기억, 문제해결 능력을 높여주어 학습자가 유의미한 학습을 하도록 도와준다(Marchbad-Ad & Sokolove, 2000; Sachdeva, 1996; Tinto, 1997; Yu & Liu, 2003). 셋째, 교수-학습 상황에서 학습자는 다양한 개념에 대한 대안들과 혼란을 경험하는 데, 학습자 질문을 통하여 예기치 않은 당혹스러움의 해결, 부족한 지식의 학습, 수업내용에 대한 스스로의 반성적 사고를 함으로써, 지식의 확장 그리고 비판적 사고력을 신장할 수 있다(김성근·여상인·우규환, 1999; Maskill & Pedrosa de Jesus, 1997; Phillips & Duke, 2001; Smith, 1997; Toledo, 2006). 넷째, 학습자 질문은 교수-학습 과정에서 교수자에게 실질적이고 다양한 정보를 제공한다. 교수자 질문은 교수자가 알고자 의도한 것만을 질문을 통해 확인할 수 있는 제한점이 있지만, 학습자 질문은 사고자 자신의 질문 생성을 통해 교수자들에게 필요한 정보(information), 확신(confirmation), 방향(direction)을 제공한다(Barlow & Cates, 2006; Dillon, 1990; Karabenick & Sharma, 1994; King, 1994; Wong, 1991).

이렇게 교수-학습 과정에서 학습자 질문은 학습효과를 높일 수 있는 교육적 도구 중의 하나로, 학습자의 학습과정과 사고과정을 연결시키는 매우 중요한 역할을 한다(양미경, 1999). 학습자 질문은 학습자의 주체적이고 능동적인 문제의식으로 형성되며, 이는 학습자의 유의미한 학습과 비판적 사고를 자극할 뿐만 아니라, 교수자가 미처 파악하지 못했던 학습자의 내면에 대한 생각, 논리, 이해, 태도, 인지구조 등의 현재 상태에 대한 정보를 제공함으로써, 교수자로 하여금 수업에 대한 변화와 사고의 전환을 가져오게 도와준다.

그러나 학습자 질문이 지닌 교육적 가치가 상당함에도 불구하고, 많은 선행연구에서는 교수-학습 과정에서 배움을 위한 학습자 질문에 대한 연구보다는 가르침을 위한 교수자 질문에 관한 연구들이 주로 이루어졌다. 교수자 질문연구는 주로 교수자 질문빈도와 질문유형에 대한 실태조사(박철웅, 2004; 이성호, 2004; 정민수·전미란·채희권, 2007; Moore, 2000; Sellappah et al., 1998; Wimer et al., 2001) 그리고 교수자 질문빈도와 질문유형에 따른 학습자의 학업성취도 및 사고력 관계에 관한 연구(김용국, 1993; 임선빈, 1996; Hiebert & Wearne, 1993; Stigler, Fernandez, & Yoshida, 1996; Phillips & Duke, 2001)들이 이루어지고 있다. 이에 반해 학습자 질문에 대한 연구는 잘 이루어지지 않는 실정인데(변홍규·김계순, 1992; 양미경, 2002; Dillon, 1988b;

Pedrosa de Jesus, 1991), 이렇게 학습자 질문에 관한 연구가 적은 이유에는 여러 가지가 있겠지만, 크게 두 가지를 지적해 볼 수 있다.

첫째는 교수자 질문에 비하여 학습자 질문은 질문에 대한 내용적 가치가 적다는 인식 때문이다. 실제로 많은 교수자들은 교수-학습 상황에서 교수자의 질문이 학습자의 사고를 자극하고, 개념의 이해를 도모하고, 지식의 확장을 도와주는 등 효과적이라고 생각한다(Dillon, 1980). 그러나 학습자 질문은 학습자가 적절한 질문을 만들기에 필요하고 충분한 지식을 갖추고 있지 못하고 있어 비체계적이며, 단순히 교수자가 설명했던 내용에 대하여 학습자의 잘못된 개념, 원리, 주제들을 다시 한 번 확인하기 위해 사용되는 것으로 이해되는 경향이 있다(류지헌·조형정·윤수정, 2007; Maloney, 1994). 즉, 학습자 질문은 불완전한 학습의 징표로서, 이미 정해진 정답에 의해 메워질 수 있는 부차적이고 사소한 것에 지나지 않다는 것이다.

실제로 대학 교수-학습 상황에서 일어나는 대부분의 질문은 다음과 같은 순서로 이루어지는 것이 보편적이다. 우선 교수자는 수업을 이끌어가면서 학습자가 수업내용을 제대로 이해하였는지 혹은 질문이 존재하는지를 확인하는 질문을 한다. 이에 따라 학습자는 대답하고, 교수자는 학습자의 답변을 정답 혹은 오답으로 판정한다. 이렇게 교수자가 질문하고 학습자가 대답하는 이러한 일련의 역학 관계는 학습자들에게 심리적으로 수동적, 반응적, 의존적 태도를 길러주고, 주도성, 활기 등을 위축시킬 수 있다(Dillon, 1982). 그러나 교수자들은 교수자 질문이 학습자의 호기심과 탐구욕을 자극한다고 전적으로 믿는 전통적인 입장(Dillon, 1980)에 입각하여 학습자 질문은 교수자 질문에 비해 그 내용적 가치가 적은 반면, 교수자 질문은 학습자 질문보다 더 우수하며, 학습자의 사고를 자극한다는 신념이 바탕으로 깔려 있다.

그러나 교수-학습 상황에서 교수자가 학습자에게 제기하는 질문은 학습자의 사고를 자극하는 개방적이고 확장적인 질문보다는 지식의 단순한 재생, 이해와 관련된 폐쇄적이고 수렴적인 질문이 더 많이 이루어지고 있다(박철웅, 2004; 변홍규·김계순, 1992; Gall, 1970; Perry, Vandestorp, & Yu, 1993; Rowan & Robles, 1998; Sellappah et al., 1998; Wimer et al, 2001; Wilen, 1991). 그리고 학습자에게 개방적이고 확장적인 질문을 하였을 경우에도 학습자 사고를 자극한다는 결과도 일관된 견해를 찾아보기가 어려운 실정이다.

학습자 질문은 자신의 사고과정을 통하여 당혹감이나 정보에 대한 욕구 등을 나타내기 때문에, 학습자가 유의미적인 학습이 일어나기 위해서는 다른 사람인 교수자가 던져주는 질문보다 학습자 스스로가 제기한 질문이 학습자의 사고를 자극할 가능성이 더 높다(Cuccio-Schirripa & Steiner, 2000; Dillon, 1982). 'A 학습자의 질문은 A 학습자의 지적욕구와 사고를 자극한다.'라는 논리적 관계가 성립하지만, 'A 학습자의 질문이 B 학습자의 지적욕구와 사고를 자극한다.'라는 논리적인 관계는 성립하지 않는다(양미경, 1992). 이는 교수-학습 상황에서 교수자의 모든 질문이 학습자의 지적욕구와 사고를 자극하는 것은 아니라는 것을 의미한다. 즉, 사고과정은 학습자 본인의 문제의 인식과 함께 시작되며, 스스로 질문을 하는 것에 의해서만 촉발되기 때문에 교수-학습 과정에서 학습자 스스로 제기하는 학습자 질문은 그 의의가 있다고 할 수 있다.

둘째는 교수-학습 상황에서 학습자의 질문이 매우 적게 이루어지기 때문이다. 즉, 학습자 질문에 대한 연구자들의 관심이 적어서가 아니라, 수업에서 제기되는 학습자의 질문이 교수자 질문에 비하여 거의 일어나지 않아 연구가 잘 이루어지지 않는 것이다. 많은 선행연구들은 학습자들이 수업시간에 질문을 거의 하지 않고 있다고 보고하고 있는데(김대식 외, 1993; 김진만, 1995; 박승재·이무, 1987; 양미경, 2007; Aitken & Neer, 1991; Buseri, 1987; Dillon, 1990; Michelle, 2001; Pollio, 1989; Ramirez, 1992), 보통 교수-학습 상황에서 교수자는 평균 1분에 2번의 질문을 한 반면, 학습자는 1시간에 약 2회 정도 질문을 하고 있다(Dillon, 1982; Susskind, 1979). 이렇게 학습자 질문이 교수자 질문에 비하여 매우 적게 이루어지고 있어, 학습자 질문을 가치 있게 연구하기는 쉽지 않다.

대학 교수-학습 상황에서 학습자의 질문이 적게 이루어지고 있다는 것은 크게 두 가지 관점에서 생각해 볼 수 있다. 하나는 학습자들이 정말로 아무런 질문 거리가 없어 질문하지 않는 것이며, 다른 하나는 마음속에서 질문할 것이 있음에도 불구하고, 실제로 교수자에게 질문을 하지 않는 것이다. 지금까지 많은 연구들은 전자의 관점에서 학습자 질문을 분석하였다. 그래서 학습자들이 질문이 존재하지 않는다고 가정하고 질문을 잘할 수 있도록 학습자 스스로 질문을 만들어 보는 질문생성 훈련에 관련된 연구들(김성근, 1998; 김성근 외, 1999; 김은숙, 2000; 김정자, 2001; 정영란·배재희, 2002; Costa, Gallastegui, & Otero 2000; Cuccio-Schirripa, 2000; Dori & Herscovitz, 1999; Foote, 1998; Graesser, et al., 1993; Keeley, Ali, & Gebing, 1998; King, 1994)이 주로 이루어졌다.

그러나 이러한 선행연구들은 교수-학습 상황에서 학습자는 자신의 도식(schema)에 따라 여러 종류의 불일치를 포함하는 인지적 갈등(cognitive confusion)이나 당혹감(perplexity)을 경험하기 때문에, 학습자 마음속에 질문이 있을 수 있다는 사실을 간과하였다. 즉, 학습자에게 질문이 있는 것과 없는 것은 다름에도 불구하고, 선행연구들은 학습자 질문을 객관적이고 실증적인 관점에서 학습자의 언표화(speaking)된 질문만을 연구대상으로 삼은 것이다. 이는 학습자 내면속에 잠재되어 있는 비언표화(non-speaking)된 질문들을 연구대상으로 고려하지 못했다는 점에서 한계를 갖는다.

한편으로, 교수-학습 상황에서 학습자들의 질문이 잘 드러나지 않기 때문에, 학습자에게 질문을 쓸 수 있는 시간을 제공하여 학습자들의 질문행동을 분석한 연구들도 많이 이루어졌다(박혜영, 2006; Carsen, 1991; Maskill & Pedrosa de Jesus, 1997; Olsher, 1999; Pedrosa de Jesus, 1991; Pedrosa de Jesus & Coelho Moreira, 2009; Scardamalia & Bereiter, 1992). 그러나 이러한 연구들은 학습자의 언표화(speaking)된 질문이 아닌 지표화(writing)된 질문을 바탕으로 학습자의 질문빈도와 질문유형을 분석하는 데 초점을 둠으로써, 교수-학습 상황에서 학습자가 실제로 교수자에게 질문을 하는 데 영향을 줄 수 있는 다양한 변인들을 고려하지 못했다.

학습자 질문행동은 학습자가 본래부터 가지고 있는 개인적인 인지능력과 정의적인 성향 등 개인적 특성에 의해 영향을 받을 수 있지만, 교수-학습 상황에서 이루어지는 교수자의 수업 내용, 운영방식, 태도, 보상구조, 교실평가 풍토, 동료집단 문화 등의 상황적 맥락에도 큰 영향을 받을 수 있다(김대식 외, 1993; 김진만, 1995; 박승재·이무, 1987; 양미경, 1992; Biddulph & Osborne, 1982; Dillon, 1982; Pizzini & Shepardon, 1991; Karabenick & Sharma, 1994). 이를 고려할 때 언표화된 학습자 질문이 아닌 지표화된 학습자 질문을 대상으로 연구한 것은 실제 교수-학습 상황을 고려하지 못했다는 점에서 한계를 갖는다.

이에 따라 대학 교수-학습 상황 속에서 이루어지는 언표화된 학습자의 질문행동과 이를 저해하는 요인들을 총체적인 관점에서 밝히는 연구가 필요한 실정이다. 학습자들은 과연 질문을 가지고 있는지, 이러한 학습자 질문이 어떠한 과정을 통하여 실제로 교수자에게 질문이 이루어지는지 그리고 학습자 질문에 대한 교수자 태도, 수업방식 등과 관련된 교수자의 요인과 동료학습자, 교실크기, 수업환경, 수업문화 등과 같은 환경적 요인이 학습자 질문을 유발하는 데 얼마나 영향을 미치며, 어떠한 작용을 하는지에 대해 안다는 것은 학습자의 질문을 촉진하는 여러 가지 상황을 이해하는 데 도움이 될 수 있다. 대학 수업의 목적이 단지 지식의 전달이 아니라, 지식의 창조라는 측면에서 볼 때, 학습자 질문은 기존의 교수자 주도의 수업방식과는 다르게, 학습자의 주체적이고 능동적인 학습과 사고 그리고 지식과 가치를 창출하는 데 도움을 줄 수 있다. 그러므로 이 연구에서는 대학 수업에서 학습자가 질문을 하지 않는다는 사실을 심각하게 받아들이고, 학습자들의 질문행동 과정과 학습자 질문을 저해하는 이유와 요인들을 심도 있게 밝히고자 한다.

1.2. 연구의 목적 및 내용

이 연구는 대학의 교수-학습 상황에서 이루어지는 학습자들의 질문행동을 분석하고, 학습자 질문행동을 저해하는 요인들을 교수자, 학습자 그리고 환경의 상호 맥락적 관점에서 규명함으로써 학습자들의 질문행동을 촉진할 수 있는 교수 모형을 개발하는 것을 목적으로 한다. 이를 달성하기 위한 구체적인 연구내용은 다음과 같다.

첫째, 대학 교수-학습 상황에서 이루어지는 학습자들의 질문행동 실태를 분석한다.

둘째, 대학 교수-학습 상황에서 교수자의 교수방법과 질문빈도에 따라 학습자들의 질문행동은 어떻게 달라지는지를 분석한다.

셋째, 대학 교수-학습 상황에서 학습자 질문행동에 대한 교수자와 학습자 간의 인식의 차이를 비교·분석한다.

넷째, 대학 교수-학습 상황에서 학습자들의 질문행동이 어떠한 과정을 거쳐 나타나는지를 밝힌다.

다섯째, 대학 교수-학습 상황에서 학습자들이 경험한 질문저해 요소들은 무엇이며, 이러한 요소들이 학습자의 심리상태에 어떠한 영향을 주는지를 규명한다.

여섯째, 대학 교수-학습 상황에서 학습자 질문행동을 촉진할 수 있는 교수 모형을 개발한다.

1.3. 용어의 정의

1.3.1. 강의식 수업

강의식 수업(lecturing)은 '강의법' 또는 이를 더 줄여서 '강의(lecture)'라고 하는 데, 이는 수많은 교수방법 중에서 가장 오래되고 보편화된 방식으로, 교수자가 학습자에게 학습 내용을 자신의 언어로 직접 전달하는 교수방법이다(이성호, 2004). 이 연구에서 강의식 수업이란 교수자가 제시한 수업계획서 상에서 전체 수업시간 중 80% 이상을 강의식 교수법으로 진행된 수업을 의미한다.

1.3.2. 교수 모형

교수 모형(teaching model)은 '요구사정→교육목표 설정→내용선정 및 조직→실행→평가'의 의도적이고 계획적인 일련의 전 과정을 의미한다. 이 연구에서 교수 모형이란 교실 속에서 교수자가 교수방법을 가지고 교수-학습이 이루어지는 실행 단계(질문 촉진 교수)만을 지칭한다.

1.3.3. 질문행동

질문행동(questioning behavior)이란 대학 교수-학습 상황에서 학습자가 학습활동을 해 나가는 데 있어 학습자와 교수자 상호간의 언어적 반응을 불러일으키고자 의도하는 모든 활동으로 정의한다.

Chapter 2

이론적 배경

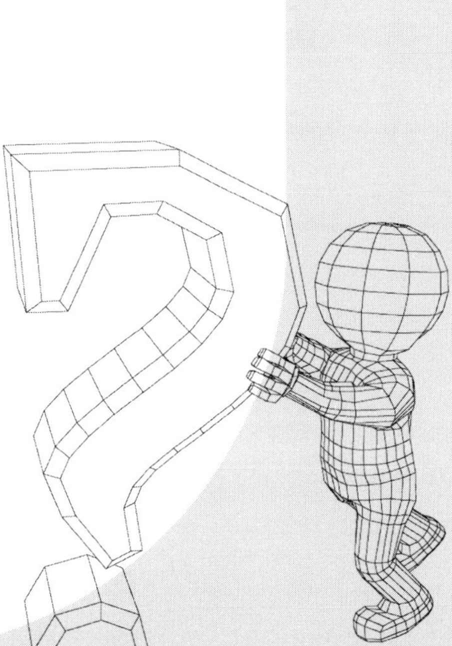

이 장에서는 연구의 이론적 배경이 되는 선행연구와 문헌을 바탕으로, 교수의 본질적 의미와 대학 수업의 실제와 문제점, 수업의 효율성 연구 흐름을 분석한 후, 주체에 따른 질문의 의의와 학습자 질문의 중요성을 제시하였으며, 마지막으로 학습자 질문행동에 영향을 주는 교수-학습 변인들에 대하여 고찰하였다.

2.1. 교수의 본질적 의미와 연구동향

2.1.1. 교수의 본질적 의미

교수의 본질적 의미를 살펴보기 전에, 교수(teaching)와 수업(instruction)에 대한 용의를 정의할 필요가 있다. 교수와 수업은 교육 및 교육학 분야에서 흔히 사용되는 용어로, 먼저 '교수'란 가르친다는 뜻을 가진 용어로, 교수자가 학습자에게 설명이나 강의 등을 통해 '가르침을 주는 것'을 의미한다. 이에 반해 '수업'은 '주는 일'을 뜻하는 용어로 교수자가 수업에서 학습자가 잘 배울 수 있도록 가르침을 주는 활동을 의미한다. 즉, 수업은 교수와 학습을 포함하는 개념으로써 의도적이고 계획적인 활동으로 사전에 정해지는 계획 또는 설계가 필요한 활동이며, 교수자와 학습자가 변화하는 교실환경 속에서 상호작용하는 역동적인 속성을 지닌다(권영성, 2006; 김종서 · 김영찬, 1983). 따라서 본 연구에서 수업이란 교수-학습 상황에서 학습내용을 바탕으로 교수자와 학습자 간에 이루어지는 상호작용 과정을 지칭하며, 교수란 수업의 전 과정에서 교수자가 학습자에게 행하게 되는 여러 가지 직접적이고 간접적인 행동들을 의미한다.

이러한 교수의 의미는 크게 네 가지 물결인 행동주의 교수이론, 인본주의 교수이론, 인지주의 교수이론, 구성주의 교수이론에 따라 그 의미가 변화되어 왔는데, 이 중에서 교수자가 어떤 교수이론의 입장을 갖고 수업을 하는 것이 가장 좋다고 말할 수는 없다. 좋은 수업을 위한 교수이론은 시대와 상황의 요구에 따라 재해석되고 재정립되어 왔기 때문이다. 최근에 이루어지고 있는 좋은 수업에 대한 정의는 많은 연구들에서 구성주의 교수이론에 따른 학습자 주도적인 수업을 좋은 수업의 개념적인 틀로 하고 있다(권낙원·민용성, 2004; 김재춘·변효종, 2005; 서경혜·유신형, 2004; 정미경, 2007).

권낙원과 민용성(2004)은 교수자 주도적으로 수업을 진행하고 학습자들이 수동적으로 정보를 받아들이고 흡수하는 수업, 교수자가 모든 것을 가르치고자 하는 수업보다는 학습자들의 적극적이고 능동적인 학습을 강조하는 수업이 좋은 수업이라고 주장하였고, 정미경(2007)은 반성적이고 구성적인 수업을 좋은 수업이라고 제시하면서, 반성적이고 구성적인 수업에서 학습자는 스스로 학습한 후 교수자의 피드백을 통해 반성의 기회를 가질 수 있고, 학습자들은 반성을 통해 지적 갈등을 경험한 후 새로운 지식을 구성해 나갈 수 있게 된다고 하였다.

요약하면, 현재 좋은 수업의 관점은 네 가지 교수이론 중에서 구성주의를 지향하고 있다. 이는 지식과 정보의 양이 급격하게 증가하고 변화하는 정보화 시대 속에서, 학습자가 수동적인 학습을 통하여 지식을 축적하기 보다는, 주체적이고 능동적인 학습을 통하여 지식을 적용하고 창출하여 새로운 경험과 해결책을 제시할 수 있어야 한다는 흐름이 반영되었기 때문이라고 할 수 있다.

2.1.2. 우리나라 대학 수업의 실제와 문제점

오늘날 대학 수업과 관련하여 제기되고 있는 여러 가지 문제점들이나 비난들 가운데 커다란 비중을 차지하는 부분 중의 하나는 교수(teaching)의 질에 관한 문제인데, 이는 대학교육의 총체적 질을 확보하는 데 있어서 가장 중요한 영향을 미친다(이성호, 1987). 이러한 교수의 질은 학습자를 가르치는 일과 관련된 것으로, 특히 대학교육에 있어서 교수행위(교수방법)과 매우 밀접한 관련을 갖는다. 우리나라 대학 수업에서 합리성과 객관성이라는 미명 아래 가장 많이 이루어지고 있는 강의식 교수법에 대한 의미, 실태 그리고 문제점에 대하여 고찰해 보고자 한다.

2.1.2.1. 강의식 교수법의 비중과 가치

강의식 교수법(lecturing)은 고대 희랍시대부터 현재시대에 이르기까지 교수방법 가운데서 역사적으로 가장 오래 되고, 가장 널리 보편화된 교수법이다. 우리나라 고등교육기관의 경우 전체 대학 수업의 약 75∼84%를 강의식 교수법으로 수업을 진행하고 있으며, 이스라엘은 69.3%, 일본은 68.7%, 네덜란드는 63.9%, 미국은 60.5%, 독일은 59.3%를 강의식 교수법을 활용하고 있다(박명희 외 5인, 2005; 이성호, 1995a, 1995b; 이영덕, 1986). 이러한 결과는 세계의 많은 대학들뿐만 아니라 우리나라 대학에서 많은 교수자들이 강의식 교수법을 선호하고 있다고 할 수 있다.

구체적으로 우리나라 대학의 강의식 교수법 활용 비율을 살펴보면, 이성호(1995b)는 우리나라 대학의 교수자들 중 82%의 교수자들은 자신의 수업에서 60% 이상으로 강의식 수업으로 진행하고 있고, 평균적으로 수업의 75% 정도, 즉 3/4을 강의식으로 진행하고 있다고 보고하고 있다. 또 이영덕(1986)는 전체 대학 수업의 약 84%가 설명식 강의위주로 수업을 진행되고 있으며, 박명희 외 5인(2005)의 연구에도 전체 대학 수업에서 전공과목에 대한 강의식 교수방법은 전체 교수방법에 80.9%이고, 교양과목에 대한 강의식 교수방법이 전체 교수방법에 88.7%를 차지하고 있다고 보고하고 있다. 이는 교수-학습 상황에서 교수자는 주로 강의식 수업방법을 사용하고 있으며, 부분적으로 다른 교수법을 활용하고 있다는 것을 의미한다.

이렇게 대학 수업에서 교수자 중심의 강의식 교수법이 가장 많이 이루어지고 있는 데, 주로 수업은 정보전달을 목적으로 고전적 방법을 통하여 교수가 해설하는 식으로 진행되고 있다. 또한 교수자 지향의 폐쇄적인 수업환경 체제에 따라, 교수방법은 거의 강의·질문·토의의 방법에 국한되어 있으며(이성호, 1995b), 간혹 학습자 활동을 포함시킨다고 해도 대부분 발표중심의 수업이지 진정한 의미의 학습자 참여나 토론 수업을 찾아보기는 어려운 실정이다(최애숙, 2000).

교수자 주도의 강의식 교수법은 일방적인 주입식 교육과 동일시되면서 학습자들의 창의성 발전을 저해하고, 학습자의 동기가 지속되기 어렵고, 학습자가 얼마만큼 이해했는지를 알 수 없으며, 학습자를 수동적으로 만들어 학습자가 스스로 사고할 수 있는 기회를 박탈한다는 비판을 받는다. 또 강의식 교수법은 대부분의 수업시간에 학습자들이 획득해야 할 지식이나 행동을 교수자의 일방적인 의사소통으로 수업을 전개해 나가는 방식이기 때문에, 오늘날 많은 사람들이 이 교수법을 전통적이고 구태의연한 교수법이라고 비난하곤 한다(박성익, 1997).

그러나 이러한 비판에도 불구하고 대학 교수-학습 상황에서 많은 교수자들이 강의식 교수법을 선호하고 있다. 그 이유는 첫째, 수업을 진행하기 위해서는 최소한의 관련된 지식을 쌓는 단계가 먼저 필요한데, 이는 강의식 교수법을 통해서 효과적으로 이루어질 수 있다(김남섭, 2009). 둘째, 짧은 시간 내에 어떠한 특정한 태도나 가치 그리고 기대하는 학습목표를 효율적으로 전달하여 학습자들의 효과적인 학습을 도모할 수 있다(권영성, 2006; 이성호, 2004). 셋째, 수업자의 의사대로 학습환경, 수업시간, 학습량 등을 의지대로 변경이 가능하여 융통성 있는 수업을 진행할 수 있다(이성호, 2004).

요약하면, 강의식 교수법은 단시간에 많은 학습자에게 다양한 지식과 내용을 가르칠 수 있고, 교수자의 의사대로 학습환경, 수업시간, 학습량 등 변경이 용이하다는 것이 장점이 있으나, 학습자를 수동적으로 만들어, 학습자의 사고를 저해할 수 있다는 비판을 받는다. 그럼에도 불구하고, 강의식 교수법은 우리나라 대학 수업에서 가장 많이 사용되는 보편적인 교수방식이다.

2.1.2.2. 강의식 교수법과 상호작용

교수-학습 상황에서 교수자가 어떤 교수방법을 취하느냐에 따라 학습자의 참여도는 달라질 수 있다. 대학 수업에서 교수자들은 학습자 참여를 증진시키기 위하여 학습자 중심 수업을 진행하기도 하지만, 실제적으로 많은 교수자들은 여러 가지 환경적 여건으로 인해 수업에서 교수자 중심의 강의식 교수법을 선호하고 있는 실정이다(이성호, 1992, 1995a, 1995b; 이영덕, 1986; 박명희 외. 2005).

교수-학습 상황에서 교수자는 강의식 교수법을 통하여 수업 내용을 설명하고 질문을 통해 학습자와 언어적 상호 작용을 전개한다. 교수자는 학습자를 칭찬하고 격려하는 등 학습자의 감정을 수용하거나, 학습자에 대한 지시와 통제를 위한 언어를 사용하면서 수업을 진행한다.

이에 대하여 학습자들은 교수자의 질문에 대답 혹은 반응을 하기도 하고, 간혹 질문을 제기하기도 하며, 교수자와의 상호작용을 중단하기도 한다.

그러나 강의식 수업에서 교수자의 발언비율은 매우 높은 비중을 차지하는 반면, 상대적으로 학습자의 발언비율은 매우 낮게 나타나고 있다. 실제적으로 언어 상호작용 분석법에 의해 교실수업을 분석한 Flanders(1960)는 대부분의 교실에서 전체 수업 시간의 70%를 교수자가 차지하고 있다고 하였으며, Goodlad(1984), Burbles & Bruce(2001), Wellington & Osborne(2001)의 연구에서도 비슷한 결과가 나타났다. 김종서와 김영찬(1983)은 Flanders의 분석 모형을 이용하여 우리나라 초등학교 수업을 분석한 결과 전체 시간의 65%를 교수자나 학습자가 말을 하고 있다고 하였는데, 그중에서 교수자의 발언이 76%를 차지하고 있음을 밝히고 있다.

이렇게 강의식 수업에서 교수자의 발언비율이 학습자의 발언비율보다 높게 나타남에 따라, 교수자의 질문비율도 학습자의 질문비율보다 높게 나타나고 있다. Bellack(1966)은 교수자의 질문과 학습자의 질문이 학급 발언의 1/3을 차지하고 있으며, 이 중 교수자 질문이 전체 질문에 87%를 점유하고 있다고 하였고, Graesser & Person(1994)는 수업에서 제기된 전체 질문 중 교수자의 질문이 96%를 차지하고 있다고 지적하였다. 이에 반해, 학습자들의 자유로운 반응에 대한 발언은 전체 수업시간의 7.9~9.0%이고, 이 중에서 학습자들의 질문은 전체 수업시간의 0.4~1.2%를 차지하고 있는 것으로 나타났다(Ramirez, 1992).

교수-학습 상황에서 교수자는 합법적인 유능함을 지닌 권위적 존재로서(Thompson, 1991), 교수자와 학습자 간에 언어를 매개로 상호작용이 이루어질 때, 그 속에는 교수자와 학습자 간의 권력 불균형이 나타나며, 수업에서 대화의 주도권은 교수자에게 있다(노경주, 1999; 최신일, 2000). 이성호(1987)의 연구결과에 따르면, 우리나라의 대학 교수-학습 상황에서 수업의 중심 주체는 교수자가 70.4%, 학습자는 5.6%로 나타났으며, 교수자의 역할은 설명자 역할이 약 70%, 예시자 역할은 약 13%, 조장자 역할은 약 18%로 나타났다. 이는 대학의 수업이 학습자 위주가 아니라 교수자들의 권위적 인도 하에 교수자 위주로 이루어지며, 교수자는 수업에서 학습자의 능동적인 수업참여를 유도하는 조장자의 역할이 아니라, 지식을 전달하는 설명자로서 역할을 수행하고 있음을 의미한다. 즉, 대학의 수업은 주로 인지적 성향의 내용을 교수자가 권위적으로 설명하고, 학습자는 이를 순종하여 받아들이는 형태로 이루어짐으로써, 학습자의 지적 능력 계발이나 내면적 자아개발 또는 사회적 능력개발을 소홀히 하고 있다.

강의식 수업에서 의사소통을 이끌어 가는 주체자는 교수자이기 때문에, 학습자는 교수자가 질문을 하거나 학습자의 반응을 요구하는 시간을 제공할 때에만 참여할 권리를 보장받게 된다. 이러한 수업의 상호작용에서 김영천(1997)은 이러한 권위적 상호 작용문화 속에서는 교수자와 학습자의 위계적 질서가 나타나고, 교수자의 통제적·지시적 언어가 많이 나타난다고 하였다. 특히 우리나라와 같이 유교정치문화에서는 권위에 대한 복종이 기본적 덕목으로 강조됨에 따라, 아랫사람은 윗사람에게 철저히 순응하고 복종하는 특성을 보인다(Kim & Rho, 1982). 이러한 영향으로 우리나라에서는 권위형, 설득형, 방임형의 교수자 유형 중 권위형 교수자가 주로 많은데, 이러한 권위형 교수자 수업은 학습자들을 일방적으로 억제하여(최현섭, 1985), 학습자들의 자율적인 참여를 보장하기보다는 이들에게 수동적인 태도가 강요될 수 있다.

이는 대학 교수-학습 상황에서 교수자와 학습자, 학습자와 학습자 간의 인격적 만남을 조장하거나 교수-학습 공동체(community)를 형성하는 것을 어렵게 만든다. 대학 수업에서 교수자와 학습자가 형성하는 공동체는 교수자와 학습자 간의 상호작용을 통한 자발적인 참여 그리고 그 집단과정에서의 상호간의 이해와 공유를 무엇보다도 중요한 본질로 하여 이루어지는 것이다. 교수자와 학습자 간의 공동체가 효과적으로 구성되기 위해서는 근본적으로 교수-학습에서의 교수자와 학습자간의 전형적이고 의식화된 주종관계의 역할분담에서 벗어나, 사람을 대하는 또는 관계하는 기능을 학습자 중심의 자율적인 학습을 촉진시킬 수 있는 방향으로의 수업을 전환해야 한다(이성호, 1987). 즉, 교수자는 교수자와 학습자의 권력 균형과 이를 통한 교실내의 언어적 상호작용을 높여, 학습자들이 수동적이고 소극적인 태도에서 벗어나 독립적, 자율적, 자기 지시적인 지적 탐구습관을 개발할 수 있도록 도와주어야 한다.

2.1.3. 수업의 효율성 연구동향

지금까지 이루어진 수업의 효율성에 대한 연구는 교수자 개인적 특성에 초점을 둔 연구, 수업의 과정-결과에 초점을 둔 연구, 학습자의 적극적인 학습참여에 초점을 둔 연구의 세 단계로 구분할 수 있다.

2.1.3.1. 교수자 개인적 특성에 초점을 둔 연구

이 시기는 교수자가 하나의 절대적 권위가자 되어, 어떻게 하면 학습자에게 효율적으로 지식을 전달할 수 있느냐가 연구의 관심이 되었다. 즉, 교수자 또는 교수행위의 효율성의 준거(criterion)를 무엇으로 설정할 것인가에 대해 초점이 맞추어져 있었다. 이 당시에 주로 많이 사용된 준거는 학습자의 인지적·정의적·심리운동기능적인 학습결과를 포함하는 학업성취도와 교수자에 대한 평가가 종속변인으로 많이 설정되었고, 교수자의 개인적 특성이 독립변수로 설정되어 이 두 가지 변인 간의 상관관계를 산출하는 것이 교수 또는 교수행위의 효율성에 관한 연구의 기본 패러다임이었다.

이를 토대로 수업의 효율성 제고에 있어 수업자의 자질이나 인성적 특성에 초점을 둔 연구들(Charters & Waples, 1929; Barr & Emans, 1930; Hart, 1934)은 수업의 효율성에 관한 연구의 시초로서 약 1930년대부터 주로 시작되었다(황정규, 1992에서 재인용). 이들 연구에서는 어떤 교수자가 가장 잘 가르치는가를 밝혀내기 위하여 교수자의 인성적 특성과 학습자들의 학업성취 간의 인과관계를 조사하였다. 즉, 학습자들을 대상으로, 교수자의 어떤 특성이 학습자들의 학업성취에 가장 큰 영향을 미치는지를 규명하고자 노력하였다. 그러나 학습자들의 상식적인 의견이나 판단에 근거하여 얻어진 결과는 수업의 효과를 예언하는 데 큰 도움이 되지는 못하였다. 그래서 많은 연구자들은 신뢰로운 관찰자라 할 수 있는 교육행정가, 장학사, 동료교사 등의 평정을 바탕으로 교수자의 인성적 특성과 수업의 효율성을 밝히고자 노력하였다.

그 후 1940년대부터 교수자의 특성과 학습자의 장기적인 성장 및 교육적인 효과와 이 관계를 밝히려는 연구들이 많이 있었다. 이들 연구 가운데는 교수자의 인성적 특성과 학습자의 학업성취와의 관계를 밝히려는 연구들이 꾸준히 이루어졌다. 이것에 대한 대표적인 연구로는 Ryan(1960)의 대규모 조사연구를 들 수 있다. 이 연구결과에 의하면 교수자의 온화함, 열성, 과업중심적 태도, 교과 전문지식 정도 등은 학업성취와 정적인 상관을 보여주었다. 비슷한 연구로 우리나라의 박용헌(1968)은 교수자의 인성과 자질이 수업의 효과와 밀접한 관계가 있다는 기본 가정 아래 교수자 자질의 예언요인에 대하여 연구를 하였으며, 장두기와 김인식(1999)도 '수업자의 성격 특성과 학업성취와의 관계 연구'에서 활동성, 안정성, 객관성, 사려성, 사회성의 특성이 높은 교수자가 지도한 학습자들의 학업성취 수준이 통계적으로 유의미하게 높아짐을 보고하였다. 그러나 전반적으로는 이와 같은 교수자의 인성적 특성과 학습자의 학업성취 간에는 일관성 있는 결과가 나타나지는 않았다.

이러한 효율성 준거 패러다임에 기초한 연구는 몇 가지 점에서 교수방법에 관한 연구 분야의 발전에 기여하였다. 우선 학습자의 학업성취도를 효율성 준거로 설정함에 있어, 가능한 정의적인 측면을 지적인 측면과 함께 반영해 보려고 시도했다는 점과 학업성취도와 같은 효율성 준거의 한 부분인 교수자의 행동 특성이나 인성을 실증적으로 연계시켜 보려고 했다는 점이다.

그러나 교수자의 효율성에 관한 연구는 몇 가지 점에서 비난을 받았다. 첫째, 두 변인, 즉 독립변인(교수자의 인성적 특성)으로부터 종속변인(학습자의 학업성취도)으로 이루어지는 두 사건 간의 관계를 설명하는 데 있어 다양한 외적 조건들을 통제하지 못했다는 것이다. 둘째, 교수자 특성변인과 산출변인 간의 상관관계는 대체로 통계적으로 의미 있는 결과가 나타나지 않았고, 몇몇 연구에서는 통계적으로 의미 있는 결과가 나왔지만 변인간의 관계 측면에서 일관성 있는 연구결과를 나타내지 못하였다는 점이다(Gage, 1963; Harris, 2002; Wragg, 2000).

2.1.3.2. 수업의 과정-결과에 초점을 둔 연구

1960년대부터 수업의 과정을 관찰하여 교수자의 수업행동과 학습자들의 학업성취 간의 관계를 밝히려는 연구가 많이 이루어졌다. 이 시기의 연구자들은 과정-결과모형(process-product model) 패러다임에 입각하여 주로 연구를 수행하였다. 연구들은 주로 교수자의 행동을 직접적으로 관찰할 수 있고 객관적으로 검증 가능하다는 전제 하에, 교수자의 교수유형이나 수업의 형태와 같은 비교적 안정적인 행동과 학습자의 학업성취 간의 인과관계를 확인하는 방식으로 이루어졌다(Flanders, 1960, Gage, 1963; Rosenshine & Furst, 1973; 배호순, 1992). 이와 같은 연구유형은 1950년대 Flanders와 Gage 등에 의하여 시도된 이후 근래에 이르기까지 교수효과 탐색을 위한 연구의 전형적인 방법으로 광범위하게 응용되고 있으며, 몇 가지 점에서 선행연구들과 뚜렷하게 구별된다.

첫째, 연구의 초점이 주로 상관연구와 실험연구의 두 가지 방식으로 이루어졌다는 점이다. 우선 상관연구에서는 교수자의 수업활동을 관찰하여 일정시간 동안 특정 교수행동이 나타나는 빈도를 측정하거나, 교수자, 학습자 그리고 동료교수자에 의한 통계적 지표를 산출하여, 학습의 평균성취도와의 상관을 통한 효율적인 교수행동을 모색하였다(Kyriacou, 1988; 김민성, 1996). 다음으로 실험연구에서는 상관연구를 통해 확인된 교수자의 교수행동을 훈련한 처치집단과 교수행동을 훈련하지 않은 통제집단과의 비교를 통해 교수자의 수행정도가 차이가 있는지를 분석하고, 훈련받은 교수자가 효율적인 교수행동을 수행하는 것이 학습의 성적에 영향을 주는 지를 살펴보았다(Shulman, 1986). 둘째, 교수자와 학습자의 행동을 체계적으로 관찰하기 위해 복잡하고 정교한 행동관찰 도구를 개발하고, 이를 통해 수업 효과와의 관계를 분석하였다는 점이다(Flanders, 1960; 김종서 · 김영찬, 1983).

이러한 과정-결과 패러다임에 입각한 연구들은 교수자의 일반적이고 보편적인 교수행동이 학습자의 학업성취에 어떠한 영향을 미치는가에 대하여 실증적으로 분석한 점은 높이 평가되지만(신명희, 2002), 교수자의 교수행동과 학습자의 학업성취 간에는 강한 상관관계의 결과가 나타나지 않았다는 점에 대하여 비판을 받는다(Rosenshine, 1976).

2.1.3.3. 학습자의 적극적인 수업참여에 초점을 둔 연구

수업의 효율성에 관한 연구는 1980년대로 접어들면서 교수자의 수업행동에 관한 연구에서 한 걸음 더 진보하여, 어떻게 하면 학습자들이 학습과제에 보다 밀도 있게 참여할 수 있을 것인가에 관심을 갖고 그러한 방안들을 규명하려고 노력하였다(변영계 · 김경현, 2005). 이에 대하여 Rosenshine(1979)은 적극적 수업에 대한 방안을 제시하면서, 수업의 효율화를 위해서는 교수자의 수업행동이나 교수유형도 중요하지만, 결정적으로 교수자의 수업행동과 학습자의 학업성취 간에는 빠뜨릴 수 없는 중간 매개변인, 즉 학습자가 있다는 점을 강조하였다. 이러한 교수자 행동은 중간 매개변인을 변화시키게 되고, 그 결과는 학습자들에게 영향을 줌으로써 학습자의 학업성취가 높아질 수 있다고 하였다(정범모, 1990).

Rosenshine & Furst(1971)는 학습자의 적극적인 학습참여에 연구초점이 되는 변인으로 ① 수업에서 다루어진 학습내용, ② 학습자가 학습하는 데 사용한 시간의 양, ③ 학습자의 수업참여도를 높이는 학급 분위기를 지적했다. 이러한 연구들이 다른 연구들보다 우월한 것은 바로 위에서 제시한 변인들, 즉 학습자가 수업에서 배운 내용이나 학습자가 학습하는 데 사용한 시간량이 어떠한 교수자 변인(교수자 행동)보다도 학습자들의 학업성취와 높은 상관관계를 보여주고 있다는 점이다.

학습자의 적극적인 수업참여는 교수자와 학습자의 상호작용을 가져오며, 수업과정에서의 상호작용은 교사의 특성, 학습자의 발달 상태 그리고 학급 환경 등의 영향을 받아 다양한 형태로 나타나게 되고, 학급분위기 형성에 기여한다(김민혜, 1990). 학습자의 적극적인 수업참여가 학교교육의 성패를 좌우할 수 있을 만큼 중요하다고 볼 때, 교수-학습 과정, 특히 학습자 질문이 잘 이루어지지 않는 이유들을 규명하는 것은 매우 중요한 연구의 한 분야라 할 수 있다.

2.2. 수업에서 질문의 의미와 역할

2.2.1. 질문의 주체에 따른 의의와 성격

교수-학습 상황에서 교수자와 학습자의 의사소통 없이 교육은 이루어진다는 것은 상상할 수 없다. 학교교육에서 가르치고 배우는 과정은 교수자와 학습자, 학습자와 학습자 간에 이루어지는 상호작용이 매우 중요하다(이성호, 1999). 교수-학습 상황에서 이루어지는 상호작용은 언어를 통해 문답을 주고받는 것이 대부분을 차지하고 있음을 볼 때, 질문의 의미를 분석하고 탐색하는 일은 곧 교육을 향상시키려는 노력과 직접적인 관련을 맺는다고 할 수 있다.

질문(question)은 철학, 언어학, 사회학, 논리학, 교육학 등 여러 학문에서 다루어져 왔다. 질문에 대한 광범위한 연구 중에서 교육학에서의 연구가 가장 포괄적으로 오랫동안 이루어졌다고 할 수 있다. 특히 교수자의 질문활동에 대한 자료는 1세기 전부터 있었으며, 교수자의 질문에 대한 실험연구는 반세기 이상에 거쳐 이루어져 왔다(Dillon, 1982). 질문을 하고 답하는 행동은 가장 보편적인 인간 활동 중의 하나로, 여러 분야에 걸쳐 중요한 역할을 차지하고 있지만, 교수-학습 상황에서만큼 그 비중이 큰 영역을 찾아보기는 힘들다(양미경, 1987). 일찍이 Collingwood(1924)는 "정보는 지식의 육체이나, 질문은 그것의 정신"이라 하였고, 지식의 발전 과정은 질문의 계속적인 재 진술이며, 대답의 계속적인 수정이라고 봄으로써 질문의 의미를 매우 중시하는 입장을 피력하였다(양미경, 1992에서 재인용).

이렇게 질문은 교수-학습 상황에서 매우 오랫동안 다루어져 왔으며, 교육의 질적 향상과 매우 밀접한 관련을 맺고 있다고 할 수 있다. 이러한 질문은 질문을 행하는 주체에 따라서 크게 교수자의 질문(teacher question)과 학습자 질문(student question)의 두 가지로 나누어 볼 수 있다.

2.2.1.1. 교수자 질문

교수자 질문(teacher question)에 대한 의미를 살펴보기 전에, 발문(questioning)과 질문(question)에 대한 용어를 정의할 필요가 있다. 흔히 질문은 발문이라는 말과 혼용되기도 하는 데, 학자에 따라서는 질문을 발문이라는 용어와 구분하여, 발문이란 '수업에서 교수자가 학습자들의 학습활동을 조성해 나가기 위해서 던지는 문제 제기'이고, 질문이란 주로 모르는 입장에 있는 사람이 아는 입장에 있는 사람을 향하여 던지는 물음이라고 정의하기도 한다. 이 연구에서는 질문이란 발문을 포함하여 대학 교수-학습 상황에서 학습활동을 해 나가는 데 있어 학습자와 교수자 상호간의 언어적 반응을 불러일으키고자 의도하는 모든 활동으로 정의한다.

교수자 질문의 역사는 소크라테스의 문답법(socratic method)으로부터 시작되었으며, 철학, 언어학, 사회학, 논리학, 교육학 등 여러 학문에서 다루어져 왔다. 교수자 질문은 학습자의 오개념을 제거하면서 학습자에게 학습동기를 제공하고, 학습자를 비판적이고 이성적으로 사고하고 행동하게 하는 중요한 방법이다. 이러한 교수자의 질문을 통해 수업을 진행하는 교수법을 발문교수법이라 하는데, 교수자와 학습자의 상호작용을 강조하고 학습자의 인지적 사고를 계발하기 위한 발문교수법은 강의법과 함께 오래전부터 교수-학습활동 과정에 사용되어 왔다(이광성, 1997).

교수자 질문에 관한 체계적인 연구가 처음으로 시작된 것은 1912년에 Columbia university의 Stevens에 의해서이다. 그 이후로 1950년대에 이르기까지 수행되었던 연구들은 주로 학습에서 강조되어야 할 교수자들의 질문행위와 Stevens이 제안한 기억 수준의 사고를 촉진하는 질문의 유형에 관한 내용들이었다. 1950년 이후에 질문에 관한 연구는 주로 학습자들의 인지적인 측면에 초점이 맞추어졌다. 1960년대에는 바람직한 사고 수준에 이르도록 질문의 수준을 높이기 위한 교수자 교육프로그램이 개발되었다. 그리고 1970년~1980년대에는 Stevens의 연구 이래로 교수자의 질문 행위에 관한 종합적인 검토가 그 어느 때보다도 활발히 이루어지면서, 오늘날에 이르기까지 질문의 수준과 유형을 구분하고, 학습자의 인지적인 발달 수준을 고려하여 적합한 질문의 수준과 유형을 통해 학습자들의 학업성취 정도를 높이고자 하는 연구가 계속해서 강조되고 있다.

교수-학습 상황에서 이루어지는 이러한 교수자의 질문은 여러 가지

장점이 있다. 첫째, 교수자 질문은 학습자의 사고를 유발하고 자극하며, 학습자의 사고력 신장에 긍정적인 영향을 줄 수 있다는 점이다(Minnis & Shrable, 1970; 박병학, 1978; 이성호, 2004). 교수자 질문을 통하여 학습자의 사고를 자극하고, 학습자로 하여금 문제에 대하여 사고하게 하는 것은 교수자 질문의 가장 중요한 목적이라고 할 수 있다. 둘째, 교수자 질문은 수업에서 학습자의 수동적인 태도를 능동적인 태도로 바꾸어 학습자의 학업성취에도 긍정적인 영향을 준다는 점이다(변홍규, 1995). 셋째, 교수자 질문은 학습자의 지식의 획득, 이해의 확장, 사고력의 증진과 같은 인지적 특성뿐만 아니라 교수자와 학습자 간의 상호작용을 통하여 학습자의 감정을 계발하고, 태도를 변화시키고 가치관을 정립하도록 하고, 흥미를 유발하는 등의 정의적 특성을 향상시키는 데 도움이 된다는 것이다(권낙원, 1996; 강승혜, 1999; Blosser, 1973). 넷째, 교수자 질문은 수업에서의 절차를 명확하게 하도록 도와주며, 학습자들이 무엇을 이해했는지를 확인하고 부가적 설명이 필요한지를 결정하여 수업의 효율성을 제고하기 위해서 사용된다(이광성, 1997).

이성호(2004)는 교수자 질문이 추구하는 근본적인 목적은 사고를 촉진하는 데 있다고 하였다. 질문을 통하여 교수자는 학습자들의 비판적 사고, 반성적 사고, 합리적 사고 등 다양한 양태, 다양한 수준의 사고를 자극하고 이끌어 준다. 따라서 질문하는 교수자는 곧 사고하는 교수자이며, 질문하는 학습자는 곧 상호간의 문답을 통해서 학습자들은 곧 스스로 탐구하는 능력을 키우고 배우는 방법을 배우게 된다는 점에서, 질문법의 가치는 매우 높이 평가되고 있다고 하였다. 또 질문은 사고촉진 이외에도 교수자 방법으로서 여러 가지 부수적인 가치를 지니고 있는 데, 예를 들어 주의를 환기시키고 호기심과 지적 활동을 일깨워 주고 수업 참여를 유도하며, 교수자와 학습자, 학습자 상호간의 의사소통을 증진시키는 매체가 되기도 하고, 질문은 평가의 한 수단으로, 이제까지 배운 것에 대한 하나의 정리수단으로, 앞으로 전개될 수업에 대한 하나의 시동적 수단으로 사용된다고 하였다.

Blosser(1973)는 교수자 질문의 목적은 학습자에게 분석, 비교, 정의, 해석 또는 판단을 요구하고 반성적 사고를 자극하며 이해와 태동의 개발에 도움을 주고 평가의 힘과 습관을 개발하여, 개인 또는 학습 진단 정보의 배경 및 흥미, 성취도를 결정하고 흥미의 창출, 목적의 각성, 정신의 개발을 제시하고 있다.

Cole & Chan(1987)은 교수자 질문의 목적을 학습자의 언어적 상호작용을 장려한 의사소통, 주제의 특이점에 관심 집중, 교과에 대한 학습자의 지식과 이해정도의 평가, 교과의 본질적인 내용의 복습에 조력, 특정한 사고유형과 인지적인 정신활동의 자극, 학습자들의 사회적인 행동의 통제를 위한 것으로 보았다.

이렇게 교수자 질문은 학습자의 사고를 자극하고, 기초적인 학습내용의 이해와 평가를 통해 지식의 확장을 가져오며, 교수자와 학습자, 학습자 상호간의 의사소통을 증진시키는 전략으로서 의미를 지닌다.

2.2.1.2. 학습자 질문

학습자 질문(student question)이란 현재의 자신의 구조에 대한 결핍감, 부족함 등을 인식하여 진지하고 절실하게 제기되는 물음을 의미한다(양미경, 1992). 교수-학습 상황에서 기존의 교수자 질문 중심이 아닌 학습자 질문을 중심으로 가르침을 개념화한 관점이 제시되었는데, 이는 질문을 중심으로 한 교수자의 개념화(an erotetic concept of teaching) 연구이다(Macmillan & Garrison, 1983, 1988). 이 연구에서는 문답식(erotetic) 이론을 제시하였는데, 문답식 이론이란 교수자가 학습자에게 무언가를 가르친다는 것은 어떤 교과 문제에 대한 학습자의 질문에 답을 하는 것으로써, 이때 학습자 질문이란 학습자에 의해 스스로 언표된 것뿐 아니라, 전문가의 입장에서 볼 때 그 시점에서 제기되어야 한다고 판단되는 것까지를 포함하는 것으로 개념화하였다.

대학 교수-학습 상황에서 학습자 질문은 학습자 및 교수자에게 긍정적인 영향을 준다. 우선 학습자 질문은 수업에서 학습자가 스스로 문제를 제기함으로써, 학습자의 소극성을 낮추어 자율적이고 능동적인 수업태도를 형성하도록 도와주고, 교실의 활발한 상호작용을 도모한다(Bonnstetter, 1988; Cashin, 1995; Pedrosa de Jesus et al., 2003; Salend & Lutz, 1984). 또 학습자 질문은 학습자가 언어적으로 수업에 참여함으로써 학습자의 동기를 유발하고, 교과내용에 대한 학습자의 개념 이해, 기억, 문제해결 능력을 높여주어 학습자가 유의미한 학습을 하도록 도와준다(Astine, 1977; Biddulph et al., 1986; Hall & Sandler, 1982; Marchbad-Ad & Sokolove, 2000; Sachdeva, 1996; Tinto, 1997; Tobin & Tippins, 1993; White & Gunstone, 1992; Yu & Liu, 2003). 이러한 학습자의 질문행동은 자율적이고 능동적이며, 학습촉진 및 사고력 신장을 도모하는 인지적 전략으로서, Ashmore, Frazer, & Casey(1979)는 학습자 질문행동을 학습과제를 위한 사고기술의 한 구성요소로 인식하고, 문제해결과정의 한 가지 단계로 간주하였으며, Zoller(1987)와 Pizzini & Shepardon(1991)는 학습자가 높은 인지 수준에 있는 경우, 학습자 질문행동은 그 자체로서 문제 해결의 본질적인 측면으로 간주하였다. 또한 교수-학습 상황에서 학습자는 다양한 개념에 대한 대안틀과 혼란을 경험하는 데, 질문을 통하여 예기치 않은 당혹스러움의 해결, 부족한 지식의 학습, 수업내용에 대한 스스로의 반성적 사고를 함으로써 지식의 확장 그리고 비판적 사고력을 신장할 수 있다(김성근 외, 1999; Biddulph & Osborne, 1982; Cuban, 1984; Maskill & Pedrosa de Jesus, 1997; Mckeachie, 1990; Phillips & Duke, 2001; Smith, 1997; Toledo, 2006; Woodward, 1992).

이렇게 학습자 질문은 학습자의 학습에 도움이 될 뿐만 아니라, 수업에서 학습자를 가르치는 교수자들에게도 많은 정보를 제공해 줄 수 있다. 교수자 질문은 교수자가 알고자 의도한 것만을 질문을 통해 확인할 수 있는 제한점이 있지만, 학습자 질문은 사고자 자신의 질문 생성을 통해 교수자들에게 필요한 정보(information), 확신(confirmation), 방향(direction)을 제공한다(Barlow & Cates, 2006; Dillon, 1982, 1986, 1990; Donaldson, 1978; Karabenick & Sharma, 1994; King, 1994; van der Meij, 1986, 1990; Wong, 1991).

우선, 학습자 질문은 제시된 개념, 논리에 대해 학습자가 어떻게 생각하고 이해하며, 어려움을 느끼고 있는지에 대한 정보를 교수자에게 알려준다(김성근, 1998; Dillon, 1986; King, 1994; White & Gunstone, 1992; Woodward, 1992). 둘째, 학습자 질문은 여러 가지 개념에 대하여 학습자가 어떤 대안틀을 갖고 있으며 어떤 혼란을 느끼는지를 드러내며, 학습자가 어떻게 추론하고 있는지, 무엇을 알고 싶어 하는지를 교수자에게 알려준다(Donaldson, 1978; Elstgeest, 1985, Maskill & Pedrosa de Jesus, 1997). 셋째, 학습자 질문은 교수자의 자질향상에도 도움을 줄 수 있는데, Watts 등(1997)은 학습자의 날카로운 질문(penetrating question)은 교수자의 사고를 유발하는 사건(critical incidents)이 되어 교수자로 하여금 교수-학습 과정에 대한 지각을 일깨우며, 교실수업의 변화와 사고의 전환을 가져올 수 있다고 하였다.

또한 학습자 질문은 교실 내의 의사소통을 풍부히 하는 역할을 할 수 있다(Bonnstetter, 1988; Cashin, 1995; Pedrosa de Jesus er al., 2003; Salend & Lutz, 1984). 보통 교실에서 주된 발화자는 교수자이기 때문에, 학습자는 단지 대답을 통해서만 교수자와 의사소통을 한다. 그러나 수업에서 학습자가 질문을 하면 학습자의 다양한 생각을 교수자에게 전달할 수 있으며, 다른 학습자의 후속 질문을 이끌어낼 수도 있다. 더 나아가 학습자의 질문은 교실 내의 활발한 토론을 자극하여 활발한 상호작용을 이끌어낼 수도 있다(Toledo, 2006). 이때의 상호작용은 교수자와 학습자간에 국한되지 않으며 학습자들 사이에서도 일어난다.

Woodward(1992)는 학습자 질문의 역할을 다음의 세 가지로 정의하였다. 첫째, 질문을 함으로써 학습자들은 그들의 사고를 구체화하고 드러낼 수 있다. 둘째, 교수자들에게는 학습자의 사고와 개념의 이해에 대해 어느 정도의 통찰력을 갖게 되는 기회가 제공된다. 셋째, 교수자들은 학습자의 질문을 통해 학습자들의 이해나 혹은 그들의 오개념에 대한 알맞은 평가를 할 수 있게 된다고 지적하였다.

Chin & Brown(2002)도 학습자 질문의 중요성을 크게 세 가지로 지적하였는데 첫째, 학습자 질문은 학습자의 지적 상태를 스스로 알려주는 역할을 한다는 것이다. 둘째, 학습자의 수업에서 교수자가 제시한 개념에 대해 학습자가 어떻게 생각하며, 이미 알고 있는 것과 어떻게 연관시키고 확장시키는지를 알려주는 촉진자 역할을 한다. 셋째, 학습자 질문은 교수자에게 학습자의 세계를 들여다 볼 수 있는 통찰력을 제공하여 수업의 안내자가 된다. 즉, 학습자의 마음속에 가지고 있는 생각, 논리, 학습주제에 대한 이해정도, 학습에 대한 태도 등을 파악할 수 있고, 이것은 교수자로 하여금 교수-학습 과정에 대한 지각을 일깨워 교실수업의 변화와 사고의 전환을 가져오게 하며, 이를 통해 추후 수업에 대한 안내를 받을 수 있다.

요약하면, 수업에서 학습자 질문은 학습자의 자율적이고 능동적인 수업참여를 유도하고, 학습촉진 및 사고력 신장을 도모한다. 뿐만 아니라, 학습자 질문은 학습자가 현재 갖고 있는 교과내용에 대한 개념과 논리에 대한 이해, 학습자의 대안틀과 혼란 정도, 학습자의 사고 수준과 질 등 교수자에게 알려줌으로써, 대학 교수-학습 상황의 질을 높이는 데 도움을 줄 수 있다.

2.2.2. 학습자 질문의 중요성

현재 이루어지고 있는 교수-학습 상황에서 교수자와 학습자의 상호작용 형태는 교수자의 질문이 우세한 위치를 점하고 있다. Bellack (1966)은 교수자의 질문이 수업에서 제기되는 전체 질문에 87%를 점유하고 있다고 하였고, Graesser & Person(1994)는 교수자의 질문이 수업에서 제기되는 전체 질문에 96%를 차지하고 있다고 지적하였다. 이에 반해 학습자들의 질문은 전체 수업시간의 0.4∼1.2%를 차지하고 있는 것으로 나타났다(Ramirez, 1992). 전통적으로 교수자들은 '질문하는 방법을 아는 것이 곧 가르치는 방법을 아는 것이다.' 혹은 '질문을 잘 하는 것이 곧 잘 가르치는 것이다.'라고 인식하고, 교수자 질문을 학습자 질문보다 중요하게 생각해 왔다(양미경, 1987). 이를 반영하듯 현재까지 질문에 대한 연구들은 주로 교수자 질문과 관련된 특성 혹은 내용이나 방식에 초점을 두고 이루어져 왔다.

그러나 가르침과 질문을 연결시킨 이러한 교수자 위주의 질문은 학습자가 스스로의 질문을 제기하고 그것에 대한 답을 찾으려는 것과는 다르다. 양미경(1992)은 메논의 노예 소년에게 '산파술'을 시행한 과정을 살펴보면, 그것은 단지 질문의 형식을 빌린 교수과정에 불과하였는데, 이는 교수자가 흐름을 주도하고 학습자는 이에 따라 수동적으로 반응을 하는 역할을 담당하고 있었음을 지적하였다. 어떤 주장이나 의견에 대하여 그 잘못된 점을 조리 있게 공격하여 말하는 '논박'의 결과로 나타나는 '무지의 자각'이 학습자로 하여금 그것을 알고 싶은 호기심을 자극한다는 무조건적인 신념은 제고해 볼 필요가 있다고 지적하였다.

지적인 호기심은 자신이 무엇을 모른다는 사실 뿐만 아니라 모른다는 것에 대하여 아는 것이 중요하다는 느낌과 그것을 모르는 것이 자신에게 '문제'로서 받아들여질 때 비로소 질문으로 생성되는 것이다. 즉, 학습자의 질문은 타인이 제기한 특정 문제에 대한 지적인 관심이나 호기심으로 무조건 생성되는 것이 아니라, 그러한 질문에 대한 학습자 스스로가 문제로서의 의미를 갖게 될 때 질문이 생성되는 것이다.

이렇게 교수자 질문의 효과를 전적으로 믿는 것은, 교수자 질문이 학습자의 호기심과 탐구욕을 자극한다고 믿는 전통적인 입장으로 인해 발생한 것이다(Dillon, 1980). 많은 연구자들은 교수자 질문이 학습자의 지식과 사고를 자극한다고 믿고 있으며, 이러한 믿음은 학습자 질문보다 교수자 질문에 더 우선순위를 두고 연구를 수행하게 만들었다. 그러나 Dillon(1982)은 실제 교수-학습 상황에서 교수자가 제공하는 질문보다 학습자 스스로가 제기하는 질문이 학습자의 지식과 사고를 더 자극할 가능성이 높다고 지적하였으며, 변홍규·김계순(1992)도 수업 상황에서 교수자의 질문이 잘 이루어져야 하지만, 전반적으로는 교수자의 질문보다 학습자의 질문이 더 적극적으로 이루어지는 것이 바람직하다고 주장하면서, 학습자 질문이 강조되면 학습자가 모든 문제에 대해 능동적으로 접근하게 하고 자체적으로 그 문제해결에 임하게 하는 기능과 태도를 갖게 된다고 하였다. 또 Dillon(1986)은 학습이란 학습자의 질문에 대해 답을 제공해 주는 것으로, 학습자의 마음속에 생성된 질문으로 수업을 진행하는 것보다 더 나은 수업은 없다고 하였다.

교수자 질문에 대한 선행연구는 교수자의 질문빈도에 따른 학습자의 학업성취 간 관계에 관한 연구들(Brophy & Good, 1986; Carsen, 1991; Hiebert & Wearne, 1993; HunKins, 1989; Stigler er al, 1996; Winne, 1979), 교수자의 높은 수준-낮은 수준 질문유형에 따른 학습자의 학업성취 간 관계에 관한 연구들(임선빈, 1996; Berliner, 1987; Gall, 1984; Samson et al., 1987; Stephanie, 1982; Wilen, 1992), 교수자의 질문의 방법이나 유형에 관한 연구들(박철웅, 2004; 변홍규·김계순, 1992; 윤지중, 1993; 이성호, 2004; 정민수 외, 2007; 진영은, 2000; 최경희 외 2004; Brophy & Good, 1986; Davis, 1993; Minnis & Shrable, 1970; Moore, 2000; Perry, Vanderstoep, & Yul, 1993; Phillips & Duke, 2001; Redfield & Rousseau, 1981; Rowan & Robles, 1998; Sellappah et al., 1998; Wilen, 1991; Wimer et al., 2001), 질문의 유형과 사고력 관계에 관한 연구(김용국, 1993; Banks, 1990; Bloom, 1956; Cliatt et al., 1980; Gallagher, 1965; Hyman, 1974; Martorella, 1991; Phillips & Duke, 2001)들이 주로 이루어지고 있는데, 대체적으로 교수자의 질문은 학습자의 학업성취와 사고력에 긍정적인 영향을 미친다고 보고하고 있다.

먼저 교수자 질문이 학습자의 학업성취도에 긍정적인 영향을 미친다는 연구 결과를 살펴보면, Kniep(1977)는 교수자가 높은 수준의 질문을 많이 사용하는 것은 학습자들이 개념이해를 높이는 효과적인 전략이며, 체계적인 적극적 강화를 함께 적용하면 이러한 능력을 더 유지하게 한다는 것을 실험연구를 통하여 집단 간 차이를 살펴보았다.

그리고 이러한 효과는 교수환경과 학습자의 욕구나 특성에 따라 차이가 있으므로, 어떤 종류의 질문에 대한 효과뿐만 아니라 학습 환경을 구성하는 많은 연구로 확대될 필요가 있음을 강조하고 있다. Redfield & Rousseau(1981)은 20개 중 14개를 선정하여 타당도가 충분한 것과 불충분한 것으로 구분하여 고찰한 결과, 교수자가 높은 수준의 질문은 학습자의 학업성취도에 긍정적인 효과가 있다고 하였다. Gall 등(1978)은 능력 중심 교사 교육 프로그램에서 질문 수준이 학습자에게 어떤 영향을 주는가를 실험한 결과, 높은 수준의 인지적 질문의 비율이 학습에 영향을 준다고 하였다. 즉, 높은 수준 질문의 비율이 50%일 때 25%나 75%를 차지할 때보다 지식이 획득과 기억의 증진에는 비효과적이나, 높은 인지적 수행의 증진에는 가장 효과적이라는 것이다. 김덕중(1990)은 질문 수준과 학습 효과와의 관계를 초등학교 4학년 사회과를 대상으로 Blosser의 질문 체계를 준거로 하여 실험한 결과, 높은 수준의 질문이 낮은 수준의 질문보다 학습 효과가 크다는 것을 밝히고 있다. 이상준(1991)은 질문 수준이 학습 능력에 따라 학업 성취에 미치는 영향을 초등학교 6학년 사회과를 대상으로 실험하였는데, 그 결과 상위 학습 능력을 지닌 집단에게는 높은 수준의 질문이, 하위 학습 능력을 지닌 집단에게는 낮은 수준의 질문이 학업성취도의 향상에 더 큰 영향을 미치는 것으로 나타났다. 그리고 높은 수준의 질문이 상위 학습 능력을 지닌 집단에 미치는 효과가 낮은 수준의 질문이 하위 능력을 지닌 집단에 미치는 효과보다 더 크게 나타났다.

다음으로 교수자 질문이 학습자의 사고력에 긍정적인 영향을 미친다는 연구 결과를 살펴보면, Gallagher(1965)는 영재반 사회과 수업을 대상으로 연구를 실시한 결과 교수자의 확산적 사고 질문이 증가함에 따라 남녀 학습자의 확산적 사고의 생산이 증가하였다. 특히 여학생은

남학생보다 교수자의 확산적 사고 질문 빈도에 따라 더 큰 영향을 받았다. 윤지중(1993)은 교수자의 질문 수준이 비판적 사고력에 미치는 영향을 초등학교 3학년 사회과를 대상으로 하여 실험하였다. 그 결과 교사의 높은 수준의 질문이 사실과 의견을 구별하는 능력, 타당하고 충분한 근거를 들어 의견을 주장하고 평가하는 능력, 한 문제를 다양한 관점으로 조망하는 능력과 같은 비판적 사고력의 향상에 의의 있는 영향을 주었다. 임종일(1998)은 다양한 질문 유형과 기법의 학습지도가 학습자의 수학적 문제 해결력 신장에 효과적이고, 정선된 질문과 높은 수준의 질문은 학습자들의 문제 해결력 신장에 의의 있는 영향을 준다고 하였다. Hyman(1974)은 교수자 질문이 학습자로 하여금 일정한 과정에 따라 사고를 할 수 있도록 도와주고, 학습자의 사고를 자극하며 문제에 대한 생각을 갖도록 도와준다고 하였다.

그러나 교수자 질문이 학습자의 학업성취도와 사고력 향상에 별다른 기여를 하지 못한다는 주장도 있다. 대표적으로 Winne(1979)는 교수자 질문에 관한 18개의 연구 대상을 선정하여 질문 제기 능력을 높여주는 교수자 훈련을 독립변인으로 한 것과 질문 빈도와 사용 방법을 독립변인으로 한 것으로 나누어 각각 9개씩을 고찰한 결과, 교수자가 단순히 높은 인지적 수준의 질문을 사용하는가 아니면 사실 수준의 질문을 하는가는 학습자의 학업성취도에 거의 영향을 주지 않는다고 결론짓고 있다. 곽병선(1981)은 비판적 사고를 논의의 타당성을 규명하는 능력, 일반화의 타당성을 검토하는 능력, 증거의 확실성을 검토하는 능력, 언급되지 않은 전제를 확인하는 능력으로 보고, 내용과 질문의 처치가 비판적 사고력의 향상에 어떠한 영향을 미치는지를 검토하였다. 그 결과 내용 처치와 질문 처치 사이의 상호작용에는 의의는 없었으나, 고차원적 질문이 제시된 집단에서 가장 높은 비판적 사고력의 향상을 보이고 있음을 밝히고 있다. 그러나 학습 내용의 성취 정도는 내용의 선정과 제시 방식에 따라 달라지며, 비판적 사고력은 고차원적 질문보다 비판적 사고에 관한 내용을 통해서 더 효과적으로 향상된다고 지적하면서, 질문 전략에 의한 비판적 사고력의 향상에는 한계가 있음을 인정하고 있다. 또 교수-학습 상황에서 교수자가 학습자에게 던지는 질문은 학습자의 사고를 자극하는 개방적인 질문보다는 지식의 단순 재생, 이해와 관련된 수렴적 질문이 더 많이 이루어지고 있다(박철웅, 2004; 변홍규 · 김계순, 1992; Clegg, 1971; Davis et al., 1969; Gall, 1970; Perry, Vandestorp & Yu, 1993; Redfield & Rousseau, 1981; Rowan & Robles, 1998; Sellappah et al., 1998; Wimer et al, 2001; Wilen, 1991). 그리고 교수자의 질문은 학습자를 수동적이게 하고, 자발적인 자기표현이나 독립적인 정신활동을 정지시키며, 아울러 부정적인 정서적 결과에 영향을 준다고 지적하고 있다(Susskind, 1979; Dillon, 1981).

이렇게 교수자 질문이 학습자의 학업성취도 및 사고력 향상에 영향을 주는가에 대한 연구결과는 서로 상반된 입장을 나타내고 있다. 이에 대하여 양미경(1992)은 교육을 보다 높은 수준의 질문을 추구해 나가는 과정으로 재개념화하면서, 아무리 훌륭한 질문이라 해도 스스로에 의해 제기되지 않은 질문은 사고과정을 자극하는 데 명백한 한계를 지닐 수밖에 없다고 지적하였다. Dillon(1980)은 모른다는 사실은 알고 싶은 요구의 필요조건이지 충분조건은 아니며, 타인의 질문은 상대방의 호기심을 반드시 자극한다고 볼 수 없다고 하였다. 또 교수자와 학습자의 관계에서 보면 질문하는 교수자는 제공될 정보의 주제, 종류, 범위 등을 한정시키게 되므로 상대방을 통제하는 것이 되고, 학습자의 참여는 격려되기보다 제한되게 된다. 이와 같이 질문은 자신이 갖고 있는 인지 수준과 구조의 특성과 밀접히 관련되어 있으며, 이러한 자신만의 적절한 불일치(optimal incongruity)는 내재적인 호기심, 동기, 관심을 유발시킴으로써 학습의 원동력을 갖게 한다. 이렇듯 질문은 자신이 무엇을 모르는지를 각성하였을 뿐만 아니라, 그것을 아는 것이 자신에게 중요하다는 느낌이 있을 때, 즉 알고 싶은 필요와 의지가 동반될 때 비로소 생성된다(Dillon, 1988b).

요약하면, 교수자 질문이 학습자의 호기심과 탐구욕을 자극하는 경우에는 교수자 질문이 학습자의 학업성취와 사고력에 영향을 미치지만, 교수자의 질문이 학습자의 호기심과 탐구욕을 자극하지 못할 경우에는 교수자 질문이 학습자의 학업성취와 사고력에 영향을 미치지 않는다. 즉, 교수자의 모든 질문이 학습자의 사고를 자극하는 것은 아니기 때문에, 학습자에게 유의미적인 학습이 일어나기 위해서는 다른 사람이 던져주는 질문이 아니라 학습자 스스로 제기한 질문이 중요하다.

2.2.3. 학습자 질문의 유형 분류

대학 교수-학습 상황에서 학습자 질문은 교수자와 학습자 간의 이루어지는 의사소통의 핵심이며, 학습들의 사고능력을 발전시키는 수단이라고 할 수 있다. 학습자 질문은 어떤 기준으로 분류하느냐에 따라 다양한 유형으로 나뉠 수 있다. 본 연구에서는 여러 학자들이 제시한 교육목표, 인지과정, 사고의 폭과 수준 등에 따른 학습자 질문의 분류체제를 다음과 같이 제시하였다.

2.2.3.1. 교육목표 분류에 따른 질문의 유형

Bloom(1956)은 교육목표 분류학에서 학습의 결과로서 기대되는 행동을 지적 영역(cognitive domain), 정의적 영역(affective domain), 심리운동적 영역(psychomotor domain)으로 나누었는데, 이 중에서 지적 영역에 대한 목표를 여섯 가지의 위계적 능력으로 분류하였다. 이들 여섯 가지 능력은 지식의 위계에 기초하여, 각각의 이전의 능력을 선수조건으로 하고 있다. 예를 들어, 종합력은 지식, 이해, 적용 및 분석의 기초 위에서 이루어지는 능력인 것이다.

지식(knowledge), 이해(comprehension), 적용(application) 수준의 질문은 단순한 회상, 이전에 제시된 자료의 정보에 대한 확인 등 전형적으로 기억을 요구하는 질문을 말한다. 이 수준의 질문은 학습자의 낮은 수준의 인지적 과정과 관련된 폐쇄적 질문으로써, 단순히 답을 구하는 질문을 말한다(Ozerk, 2001). 이런 폐쇄적 질문은 질문의 종류에 따라 답이 하나만 존재하는 것이 특징이다. 반대로 분석(analysis), 종합(synthesis), 평가(evaluation) 수준의 질문은 학습자의 높은 수준의 인지적 과정과 관련된 개방적 질문을 말한다. 개방적 질문들은 학습자의 비판적인 사고력을 요구하며, 제시된 자료를 가지고 이전에 학습했던 것들을 논리적으로 새롭게 만들어 내도록 돕는다(Ramirez, 1992; Brown & Wragg, 1993; Cole & Chan, 1994; Ramirez, 1992). 이러한 질문들은 주로 why와 how를 제시함으로써 자신의 견해와 가치를 발달시킬 수 있으며, 질문에 대한 답변이 하나로 제한되지 않기 때문에 학습자의 다양하고 폭넓은 사고를 가능하게 도와준다. 이를 정리하면 다음 <표 2-1>와 같다.

표 2-1 교육목표 분류에 따른 질문유형

교육목표의 분류	의미
지식	• 특수하고 구체적인 용어나 사실에 관한 지식 • 특수 사상을 다루는 방법과 수단에 관한 지식 • 원리, 원칙, 학설과 구조에 관한 지식
이해	• 의사소통 자료로 부연하거나 번역하는 능력 • 의사소통 자료를 설명하거나 요약하는 능력 • 주어진 자료를 넘어서서 경향과 추세를 확장하는 능력
적용	• 추상적 개념을 특정한 구체적 사태에 사용하는 능력
분석	• 자료의 구성요소나 부분을 분할하는 능력 • 자료의 요소와 부분 간의 연계, 상관관계를 발견하는 능력 • 자료를 결합하고 있는 조직이나 구조의 분석능력
종합	• 독특한 의사전달 자료의 창조적 능력 • 어떠한 작업의 계획을 수립하거나 절차를 창안하는 능력 • 특정한 자료나 현상의 추상적 관계를 도출하는 능력
평가	• 논리적 정확성, 일관성 등 내적 준거로 판단하는 능력 • 특정한 외적 준거를 활용하여 자료를 평가하는 능력

출처: 이성호, 2004: p.185

2.2.3.2. 인지과정에 따른 질문의 유형

Bellack(1966)은 질문유형을 인지과정(cognitive process)에 따라 네 가지로 분류하였다. 첫째는 개념적(definitional) 과정으로 이는 앞에서 밝힌 인지·기억수준의 사고를 요하는 질문과 유사하다. 둘째는 경험적(empirical) 과정으로 이는 앞에서 밝힌 수렴적 수준의 사고와 유사한데, 응답자의 감각적 지각에 기초한 응답을 요구하는 질문이다. 셋째는 평가적(evaluative) 과정으로서 이는 앞에서 밝힌 개방적 질문들과 대체로 유사한 성격의 질문이다. 끝으로, 넷째는 형이상학적(metaphysical) 과정인 바, 이는 대체로 종교적 신념이나 도덕적 태도에 관련된 질문들을 말한다.

2.2.3.3. 사고의 수준에 따른 질문의 유형

Carner(1967)는 사고를 크게 구체적 사고, 추상적 사고, 창의적 사고로 분류하였고, 이는 질문의 수준별 유형으로 대체될 수 있다고 보았다. 첫째는 구체적 사고의 질문이다. 구체적 사고의 질문은 대체로 관찰할 수 있는 손에 잡히는 구체적 사상에 관한 질문으로 비교적 단순한 아이디어, 과정 또는 개념을 물으며, 어디에서, 무엇을, 누가, 언제와 같은 의문사들이 주로 사용된다. 둘째는 추상적 사고의 질문이다. 추상적 사고의 질문은 어떠한 문제의 방법과 이유를 탐색하는 것으로, 사실과 사실간, 과거와 현재의 사건들 간, 상황과 상황 간, 어떠한 사건, 구성, 논쟁 등에 있어서의 계속성, 순차성 및 결론을 도출 및 평가하는 것을 말한다. 셋째는 창의적 사고의 질문이다. 창의적 사고의 질문은 새로운 틀을 창출하기 위하여 개념을 재조직하는 것으로, 이러한 질문에는 대체로 정답이 없어, 학습자들이 어떠한 문제의 가능한 모든 답안을 전부 탐구하도록 조장한다.

2.2.3.4. 사고의 폭에 따른 질문의 유형

Gallagher(1965)는 네 가지 수준의 생산적 사고 유형인 예, 아니오, 구명·관찰, 재생, 지적, 명명, 정의를 포함한 인지·기억 질문, 비교·대조, 관계기술, 설명을 포함한 수렴적 질문, 재구성, 추론, 가설 예언을 포함한 발산적 질문, 선택, 방어, 가치, 판단을 포함한 평가적 질문 나누었다. Amidon & Hunter(1967)는 이러한 Gallagher(1965)가 나눈 네 가지 수준의 생산적 사고 유형을 다시 사고의 폭에 따라 제한형 질문과 확장형 질문으로 구분하였다. 즉, 제한형 질문은 인지·기억 사고, 수렴적 사고를 포함하고, 확장형 질문은 발산적 사고, 평가적 사고를 포함하며, 이는 다음의 [그림 2-1]과 같다.

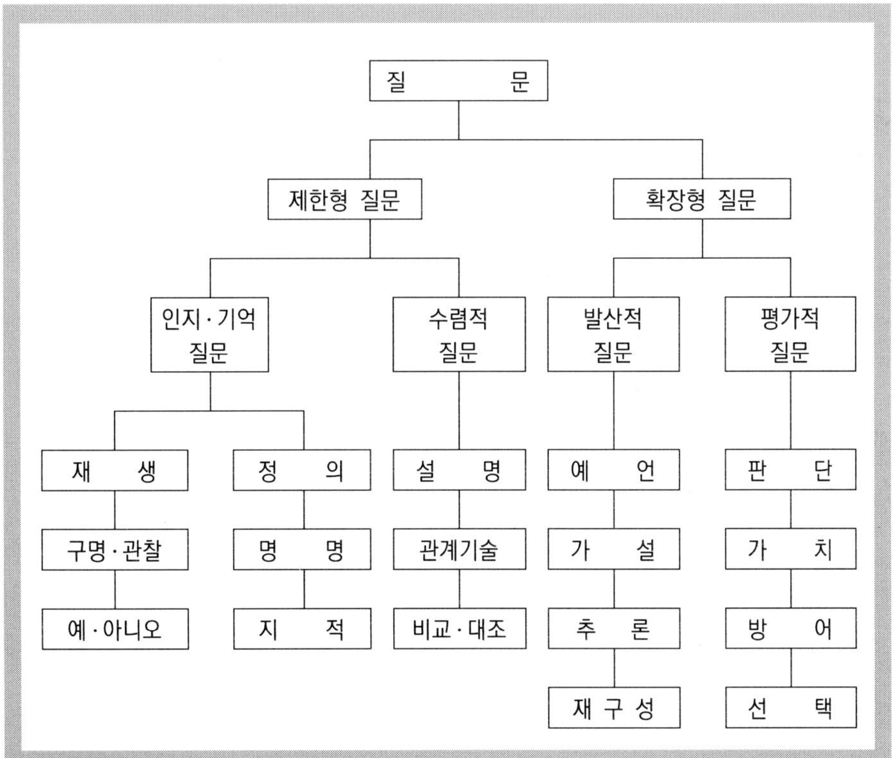

그림 2-1 사고의 폭에 따른 질문의 유형

출처: 이성호, 2004: p.188

2.2.3.5. 그 외의 학자들에 따른 질문유형

Chin & Brown(2002)은 Scardamalia & Bereiter(1992)의 질문 분류틀을 기초로 기초정보 질문과 경이의 질문을 세분화하였다. 기초정보 질문은 전형적으로 무시되거나 짧고 단순한 대답이 기대되는 질문으로 정의하였고, 사실적 질문과 절차적 질문으로 세분화하였다. 학습자의 기존의 지식과 새로운 지식을 연결시키려 하거나, 새로운 지식을 이해하기 위해 새로운 지식의 여러 측면을 통합하고자 할 때 나타나는 질문을 경이의 질문으로 보았다. 경이의 질문은 이해, 예측, 변칙발견, 적용, 계획과 방략의 질문으로 세분화되었다.

Sadker & Cooper(1974)는 학습자의 질문을 크게 낮은 수준과 높은 수준으로 분류하였다. 낮은 수준의 질문은 기억이나 회상에 의존하여 답할 수 있는 질문이다. 높은 수준의 질문은 응답을 하기 위해 사고가 필요한 질문으로, 기대되는 응답에 따라 평가를 위한 질문, 비교하는 질문, 문제해결을 위한 질문, 인과관계에 의한 질문, 발산적 질문으로 세분화된다.

Sinatra & Annacone(1984)는 Bloom의 질문체계를 바탕으로 하여 학습자의 주체적 사고력의 발휘 정도에 따라 낮은 수준과 고급 수준의 질문으로 이원화하였다. 즉, 지식, 이해, 적용은 학습자의 주체적 사고력이 발휘될 기회가 적은 낮은 수준의 질문으로, 학습자의 주체적인 자기 판단을 필요로 하는 분석 질문부터 종합, 평가를 고급 수준의 질문으로 나누었다. 고급 수준의 질문은 학습자가 학습한 사실을 자신의 기준에 따라 분류하게 하는 창의적 사고를 요하고, 주어진 상황을 자신의 가치 판단을 바탕으로 평가하고 그러한 가치판단을 한 이유를 추가적으로 사고하도록 하여 평가를 내리게 된 근거를 명확하게 하는 고도의 사고 능력을 요하는 것이라고 하였다.

Ellis(1991)도 고등 수준 질문과 낮은 수준의 질문으로 이원화하였는데, 독창성을 요하지 않거나 옳은 답을 요하는 데 중점을 두거나, 자료에 입증된 대답, 질문에 대한 합의를 추구하는 등의 수렴형 사고로 나타나는 질문을 낮은 수준의 질문이라고 하였다. 한편, 독창적인 생각을 요하고, 학습자들의 생각과 조사에 기초한 대답을 요하거나, 체계를 분석하고 평가하는 사고활동과 문제를 분명히 하기 위해 불일치와 토론을 추구하는 활동 등 확산형 사고를 유도하는 질문을 고등 수준의 질문으로 정리하였다.

Wilen(1991)은 Bloom의 질문체계를 바탕으로 학습자의 사고 폭이 좁으냐 넓으냐에 따라 수렴적 수준과 확산적 수준으로 나누고, 이들 각각을 다시 상위 수준과 하위 수준으로 나누었다. 수렴적 질문은 응용의 기초가 되는 기본적인 지식과 기능 및 이해가 숙달되어 있는지를 확인하는 하위 인지질문으로, 확산적 질문은 학습자가 정보를 처리함에 따라 비판적 사고를 관여하도록 하는 상위 인지질문으로 분류하였다.

Gall(1971)은 Bloom의 분류학을 바탕으로 지식, 이해, 적용 질문을 사실적 질문(fact question)으로, 분석, 종합, 평가 질문을 높은 수준의 사고력을 요구하는 인지적 질문(high-cognitive question)으로 분류하였다.

King(1994)은 학습자 질문을 3가지로 범주화하였는데 수업 중에는 다른 사실의 회상이나 다른 정보를 찾는 사실적 질문, 기술되었거나, 정의가 된 용어 혹은 과정을 요구하는 이해 질문, 설명 혹은 추론이나 두 생각을 연관시키거나 수업 중에 진술된 내용을 넘어선 통합 질문으로 나누었다.

지금까지 선행연구에서 제시한 학습자 질문유형을 살펴보면, 크게 질문의 수준을 대략 낮은 수준의 폐쇄적 질문과 높은 수준의 개방적으로 범주화한 분류로 나누어 볼 수 있다. 우선 낮은 수준의 폐쇄적 질문이란 낮은 수준의 사고, 간단한 사실적 응답을 기대하는 좁은 질문을 말한다. 질문 그 자체가 매우 구체적이며, 기대되는 응답은 제한되어 있다. 폐쇄적 질문은 인지·기억수준의 사고와 수렴적 수준의 사고라는 지극히 낮은 차원의 사고를 요하는 두 가지 질문유형이 있다. 우선 인지·기억형의 질문은 어떠한 사실, 개념 또는 기억된 정보의 재생을 요구하는 질문을 말하며, 수렴적 질문은 대체로 정답이나 또는 최선의 답이 있는 질문을 말한다. 이에 반하여 개방적 질문은 다양한 응답이 가능한 질문으로써, 학습자가 자신의 사고를 자극하거나, 추론하거나, 분석하거나, 종합하게 하는 질문이다. 대체로 응답자의 느낌, 판단, 의견 등이 포함된다. 따라서 개방적 질문은 학습자들의 지적 기능을 개발시키는 데 도움을 준다. 이러한 개방적 질문은 발산적 사고와 평가적 사고로 나뉘는 데 발산적 사고는 불확실한 미래를 예언하거나, 가설을 수립하거나 추론하거나 또는 분석된 요소들을 재구성하는 등의 지적인 활동을 요구하는 질문이고, 평가적 사고는 앞서 밝힌 인지·기억, 수렴적 및 발산적 사고의 모든 지적능력을 동원하여, 자신의 판단, 가치선택과의 정당화, 입장의 방어, 선택과 의사결정 등을 요구하는 고도의 사고를 촉성하는 질문을 말한다. 이를 종합하여 정리하면 다음 <표 2-2>와 같이 크게 폐쇄적 질문(closed question)과 개방적 질문(opened question)의 두 가지로 나눌 수 있다.

표 2-2 선행연구에 따른 질문유형의 재분류

학자	폐쇄적 질문 (저차원 질문)	개방적 질문 (고차원 질문)
Chin & Brown (2002)	기초정보 질문(사실, 절차)	경이의 질문(이해, 예측, 변칙·발견, 적용, 계획)
King (1994)	사실적 질문, 이해 질문	통합 질문
Ellis (1991)	낮은 수준의 질문 (수렴형 사고)	고등 수준의 질문 (확산형 사고)
Wilen (1991)	수렴적 수준	확산적 수준
Sinatra & Annacone (1984)	낮은 수준의 질문 (지식, 이해, 적용)	고급 수준의 질문 (분석, 종합, 평가)
Sadker & Cooper (1974)	낮은 수준의 질문 (기억이나 회상)	높은 수준의 질문 (평가, 비교, 문제해결, 인과관계, 발산적 질문)
Gall (1971)	사실적 질문 (지식, 이해, 적용)	인지적 질문 (분석, 종합, 평가)
Carner (1967)	구체적 사고	추상적 사고, 창의적 사고
Amidon & Hunter (1967)	제한형 질문	확장형 질문
Bellack (1966)	개념적 과정, 경험적 과정	평가적 과정, 형이상학적 과정
Bloom (1956)	지식, 이해, 적용	분석, 종합, 평가

2.3. 학습자 질문에 영향을 주는 교수-학습 변인

2.3.1. 학습자 질문의 생성과정

우선, 학습자 질문에 영향을 미치는 요인을 먼저 살펴보기 전에, 대학 교수-학습과정에서 학습자 질문이 어떻게 생성되며, 생성된 질문이 잘 이루어지지 않는 현상에 대한 근본적인 논의가 필요하다.

학습자의 질문과정을 대체로 다음과 같이 네 가지 단계로 이루어진다. 첫째, 대학 교수-학습 상황에서 학습자는 교수자가 수업을 하는 동안 자신의 도식(schema)에 따라 여러 종류의 불일치를 포함하는 인지적 갈등(cognitive confusion)이나 당혹감(perplexity)을 경험하여 학습자 질문이 시작되는 단계이다. 교수자가 명백히 모순되는 말을 하거나, 평범한 말속에 모순을 제시하는 전략은 학습자 질문을 자극할 수 있으며, 인지적 불일치 현상 역시 학습자들로 하여금 질문을 하도록 하는 동기가 될 수 있다(Christenbury & Kelly, 1983; van der Meij, 1988). 인지갈등이란 인지구조와 환경 또는 인지구조와 인지구조 사이의 불일치에 의해 발생되는 비평형 상태를 의미하는 데, 학습자는 인지를 환경, 자기 자신, 자기 행동에 관한 모든 지식, 의견 또는 신념으로 정의하고, 자신이 행하는 거의 모든 활동에 대해 행동적 요소와 불협화 인지 요소가 적어도 하나는 존재한다고 하였다(신명희 외 2009; Festinger, 1957). 이러한 인지 불일치는 학습자가 해결책 또는 답을 찾아야 할 문제에 직면했으며, 따라서 질문이 발생할 근원이 생겼다는 뜻이다. 실제로 많은 선행연구에서 인지적 갈등이나 당혹감은 학습자가 질문을 갖는지 혹은 아닌지에 대하여 직접적으로 영향을 준다고 보고하고 있다(Karabenick & Knapp, 1991; Newman, 1990; Schwager & Newman, 1991; van der Meij, 1990).

둘째, 학습자는 위의 당혹함이나 곤란이 무엇 때문인지를 명백히 정리하여 실제 질문을 제기하는 단계이다. 어떤 대상으로 인하여 당혹함을 느낀다고 해서 반드시 질문을 하는 것이 아니고, 학습자가 질문에 대한 필요성과 목적, 즉 그 대상에 대해 의문스러운 느낌, 호기심 등을 갖게 될 때 자연스럽게 질문을 하게 된다.

셋째 단계에서는 학습자 자신이 제기한 질문에 대해 실제로 그 답을 찾는 단계로서, 여기에서는 먼저 교수자, 인터넷, 서적, 동료학습자 등 다양한 원천에서 그 답을 찾는 방법을 결정하고 그에 따라 답을 찾는 절차가 진행된다. 많은 선행연구에서 학습자 질문에 대한 교수자의 행동 및 태도들과 수업 내의 환경적 요소들이 학습자 질문행동에 영향을 줄 수 있다고 하였다(변홍규 · 김계순, 1992; 양미경, 1992; Buseri, 1987; Dillon, 1982; Graesser, Marchbad-Ad & Sokolove, 2000; van der Meij, 1986, 1988; Woodward, 1992).

마지막 넷째, 학습자는 자신이 겪었던 갈등과 당혹감에 대한 문제가 해결되면서 새로운 학습이 이루어지는 단계이다. 앞에 제 3단계에서 답이 찾아졌기 때문에 학습자는 답을 추구할 질문이 사라지고 질문과 해답의 관련성에서 새로운 이해를 하게 되는 것이 곧 학습이며 학습자의 질문과정은 종결된다.

이렇게 학습자 질문은 위에서 제시한 네 단계로 이루어지는 데, 교수-학습 상황에서 공개적으로 제기되는 학습자의 질문은 매우 드물다(Dillon, 1988). 제기되는 학습자 질문이 없거나 잘 이루어지지 않는 것에 대하여 두 가지의 가능성을 고려해 볼 수 있다. 첫째는 학습자들이 정말로 교수자에게 아무런 질문 거리가 없다는 것이고, 둘째는 학습자는 질문할 것이 있음에도 불구하고 질문을 하지 않는다는 것이다. 그러나 첫 번째의 가정은, 즉 학습자들이 교수-학습 상황에서 교수자에게 아무런 질문 거리를 가지고 있지 않다는 사실은 받아들이기 어렵다. 학습에 대한 욕구는 인간의 본성으로, 자신이 행하는 거의 모든 활동과 감정에 대해 불협화 인지 요소가 적어도 하나는 존재하기 때문이다(Festinger, 1957). 이는 교수-학습 상황에서 학습자들은 질문이 존재하지 않는 것이 아니라, 마음속에서는 질문할 것이 있음에도 불구하고 실제로는 여러 가지 이유로 질문하지 않는다는 것임을 나타낸다. 즉, 수업 상황에서 학습자는 인지적 갈등(cognitive confusion)을 통해 마음속에 생성된 질문(having questions)을 갖지만, 여러 가지 다양한 이유로 교수자에게 실제로 질문(asking questions)하지 못하고, 질문을 금지하거나 주저하고(Inhibition & hesitation) 있는 것이다.

지금까지 이루어진 학습자 질문에 관한 많은 연구들은 크게 학습자 질문 생성연구와 지표화(writing)한 학습자 질문빈도 및 질문유형 연구로 나누어 볼 수 있다. 우선 학습자들이 질문을 잘할 수 있도록 스스로 질문을 만들어 보는 질문생성 훈련에 관한 연구들을 살펴보면, 김은숙(2000)의 연구에서는 일반물리를 수강하는 대학교 학습자에게 전문인의 물리문제풀이 방략 가시화 연습을 하도록 수업처치를 하였을 때, 질문의 양과 수준이 전통적인 수업보다 긍정적인 것으로 나타났다. 즉, 질문을 제출한 학습자 수도 많았고 질문의 유형도 좀 더 구체적이고 전문성이 있으며 상위사고 유형을 보이는 질문이 많이 나타났다. 김정자(2001)의 연구에서는 학습자들의 질문을 더 많이 유도하기 위해서 불일치 상황을 제시하였다. 불일치 상황제시 수업에서 고등학생들은 선개념이 내포된 다양한 질문을 제시하였으며, 인지갈등을 통해 보다 확장적인 질문을 구성하였다. 박은주(1998)의 연구에서는 중학교 학습자에게 높은 수준의 질문 유형들을 안내하고 질문을 만들고 답변하는 훈련과정을 거쳤을 때, 안내를 받은 실험집단이 안내를 받지 않은 통제집단에 비하여 좋은 질문을 더 많이 만들었다.

또 Allison & Shrigley(1986)는 불일치 상황을 학습자들에게 제시하고 교수 모델링 효과에 따른 학습자들의 질문을 비교한 연구에서 불일치 사건으로 기인한 정신적 비평형으로 학습자들은 조작적 질문을 더 많이 하였다. Cuccio-Schirripa(2000)는 7학년 학습자를 대상으로 질문안내를 제공한 집단과 제공하지 않은 집단으로 나눈 후 지필로 작성된 학습자 질문을 분석하였다. 실험집단과 통제집단 모두 흥미도가 낮은 주제보다 흥미도가 높은 주제에서 질문 수준이 높게 나타났고, 질문의 수준은 질문안내를 제공한 집단에서 더 높은 수준의 질문이 이루어졌다. 또한 수학, 일기, 과학에서 높은 성취도를 보인 학습자의 질문 수준이 낮은 성취도의 학습자보다 더 높다고 하였다. Dori & Herscovitz(1999)는 10학년 학습자를 대상으로 과학 학습활동 시간에 학습자들에게 질문생성 프로그램을 제공한 후, 학습자의 질문제기 능력을 사전-사후 설문지를 이용하여 평가하였다. 그 결과 학습자들의 질문빈도가 증가하였으며, 질문유형도 고차원적 질문이 증가하였다. Graesser 등(1993)은 질문은 변칙자료에 의해 시작된다고 예측하는 인지과학의 몇몇 모델을 바탕으로 사람들이 변칙 자료에 직면해서 질문을 제기하는지 여부를 알아보기 위해 네 가지 변칙 자료를 만들어 제시한 결과 일반 자료를 제시한 것보다 훨씬 더 많은 질문을 함을 알아냈다. Hartford & Good(1982)의 연구에서는 화학고등학교 수업시간에 학습자들에게 질문에 대한 기술을 가르치는 결과 학습자들로부터 더 많은 질문과 더 좋은 질문이 나왔다고 보고하였다.

그러나 이러한 학습자 질문에 관한 선행연구들은 학습자에게 질문이 있는 것과 없는 것은 다름에도 불구하고, 학습자 질문을 객관적이고 실증주의 관점에서 학습자의 비언표화된 질문만을 연구대상으로 삼은 것이다. 실제적으로 교수-학습 상황에서 학습자는 자신의 도식(schema)에 따라 여러 종류의 불일치를 포함하는 인지적 갈등이나 당혹감을 경험하여, 학습자의 마음속에 수많은 질문이 있을 수 있다는 사실을 간과하였다. 이는 학습자 내면속에 잠재되어 있는 비언표화된 질문들을 연구대상으로 고려하지 못했다는 점에서 한계를 갖는다.

한편으로, 교수-학습 상황에서 학습자 질문이 잘 드러나지 않기 때문에, 학습자에게 질문을 쓸 수 있는 시간을 제공하여 지표화된 학습자 질문의 빈도 및 유형을 분석한 연구들도 있다. 김진만(1995)은 학습자가 지필로써 인지방략적 질문활동[1])을 한 수업은 전통적 수업보다 고등학교 학습자의 열과 온도의 개념학습과 질문빈도 증가에 효과적이었으며, 높은 수준의 인지방략적 질문이 학습자의 물리개념 변화에서 중요한 역할을 하는 것으로 나타났다. 박혜영(2006)의 연구에서는 과학 영재들을 대상으로 질문빈도와 유형을 파악하기 위해 학습자들에게 수업 중에 생긴 질문을 질문지에 작성하도록 하였다. 그 결과 학습자들은 단순 정보나 기초정보 질문보다 유의미학습으로 연결되는 사고질문이 많이 나왔으며, 질문빈도는 수업내용이 복잡하고 도전적일수록 질문빈도가 증가하였다.

또 Maskill & Pedrosa de Jesus(1997)의 연구에서는 9학년 학습자들을 대상으로 수업에 학습자 질문을 쓸 수 있는 시간을 제공하여 실험수업을 실시하였다. 학습자들은 교수자가 수행한 실험 데모와 교수자가 설명한 일상의 상황적 예를 설명할 때 온도, 에너지, 열, 운동이론

1) 인지방략적 질문활동이란 학습자가 질문을 통해 자신의 이해의 정도나 개념적 상태를 명확히 드러내도록 구안된 것이다.

에 관한 문제와 정보를 획득하기 위해서 질문을 하는 것으로 나타났다. Olsher(1999)는 스캐폴딩을 이용한 학습활동에서 수업과 관련된 주제에 관해 묻고 싶은 일련의 질문을 학습자들에게 작성하도록 요청하고, 질문을 하도록 격려하였다. 그 결과 처음에는 자발적으로 생물학적 과정의 특성과 직접적으로 관련된 질문을 하지 않으려 했으나, 어느 정도의 강한 스캐폴딩 후에 그들은 생물학적 과정 자체와 관련된 질문을 더 많이 하였다. Pedrosa de Jesus(1991)의 연구에서는 과학 수업에서 학습자 질문의 특성을 조사하기 위해 수업 중에 학습자들로 하여금 질문을 적어 내도록 하였다. 그 결과 학습자들은 수업에 대해 궁금한 질문을 가지고 있었고, 대부분의 질문은 의미가 있으며, 전형적인 구두 질문보다 더 높은 인지수준에 있는 것이었다. 학습자들은 수업차시마다 평균적으로 질문을 썼으며, 이러한 학습자들의 질문은 긍정적인 교수-학습 도구로 사용될 수 있음을 확인하였다. Scardamalia & Bereiter(1992)의 연구에서는 한 집단의 학습자들에게는 수업내용과 관련된 참고 자료 등을 선택하여 정독하고 난 후 학습주제와 관련된 질문을 쓰게 하고, 다른 집단의 학습자에게는 수업 전에 학습주제와 연관하여 궁금한 것을 쓰게 하였다. 그리고 전자의 질문을 교재 기반 질문(text-based question)으로, 후자의 질문은 지식 기반 질문(knowledge-based question)으로 구분하였다. 그들은 주제에 대해 학습하기 전에 진실로 궁금해 하는 것을 반추하는 지식 기반 질문이 본문 자료에 노출된 후 생성하는 교재 기반 질문보다 질문 수준이 높음을 발견하였다.

그러나 이러한 학습자 질문에 관한 선행연구들은 교수-학습 상황에서 학습자가 실제로 교수자에게 질문을 하는 데 영향을 줄 수 있는 많은 변인이 있음에도 불구하고, 이를 고려하지 않은 채 언표화된 학습자 질문이 아닌 지표화된 학습자 질문을 대상으로 연구를 수행하였다. 학습자 질문행동은 학습자가 본래부터 가지고 있는 개인적인 인지능력과 정의적인 성향 등 개인적 특성에 의해 영향을 받을 수 있지만, 교수-학습 상황에서 이루어지는 교수자의 수업 내용, 운영방식, 태도, 보상구조, 교실평가 풍토, 동료집단 문화 등의 상황적·맥락적에도 큰 영향을 받을 수 있을 수 있다(김대식 외, 1993; 김진만, 1995; 박승재·이무; 1987; 양미경, 1992; Biddulph & Osborne, 1982; Dillon, 1982; Pizzini & Shepardon, 1991; Karabenick & Sharma, 1994).

현재 교수-학습 상황을 반영하여 학습자들이 질문을 하지 않는 이유를 탐색한 몇몇 선행연구들이 있지만, 이 연구들은 주로 초·중등학교 학습자들 대상으로 이루어졌으며, 학습자의 질문행동 저해요인을 체계적이고 심층적인 관점에서 분석되지 못하였다. 김대식 등(1993)은 중학교 학습자 20명을 대상으로 학습자들이 질문을 꺼리는 이유에 대하여 친구들에게 망신을 당할까봐, 선생님을 대하기가 어렵고 공부 잘하는 친구들에게 미안해서, 질문하는 것보다 나중에 친구에게 물어보거나 참고서를 찾아보면 되니까, 잘 몰라도 그냥 넘어가니까 등을 저해요인으로 지적하였다. 김진만(1995)은 여자 고등학교 1학급 학습자를 대상으로 학습자들이 질문을 꺼리는 이유에 대하여 내 자신의 의문점이 너무 막연하여 분명하게 표현하기 어려워서, 모르는 것이 한두 가지가 아니어서, 질문할 만큼 중요하게 생각되지 않아서, 질문할 용기가 나지 않아서, 알고 싶은 호기심과 흥미가 없어서 등을 저해 요인으로 지적하였다. 변홍규와 김계순(1992)은 초등학교와 중학교의 교수자 373명을 대상으로 교수자와 학습자의 질문활용 실태를 조사한 결과 학습자가 질문하려는 경향이 낮은 이유는 주로 학습자에게 질문하는 기회가 주어지지 않기 때문이라는 해석이며, 학습자가 질문하려는 경향이 높은 이유로는 교실의 자유로운 분위기 때문이라는 반응을 보인 것으로 보고하였다. 양미경(1987)은 여자 중학생 1학급 학습자를 대상으로 학습자들이 질문을 꺼리는 이유에 대하여, 자신의 의문점을 분명하게 표현하기가 어려워서, 학습자가 너무 많아 질문할 용기가 나지 않아서, 모르는 게 한두 가지가 아니어서, 선생님이 무섭게 느껴져서, 질문할 만큼 중요하다고 생각되지 않아서 등을 질문 저해 요인으로 지적하였다.

또 Buseri(1987)는 나이지리아 중학교 12학급 422명 학습자의 과학수업을 분석한 결과, 교수자의 질문은 학급당 40.9개로 나타났지만, 학습자의 질문은 학급당 3.66개로 학습자들은 교수자에게 거의 질문을 하지 않는 것으로 나타났다. 이렇게 학습자들이 자유롭게 질문을 하지 않거나 자신들의 생각을 표현해내지 못하는 큰 이유는 교수자의 지지 부족과 문화적인 세습을 지적하였다. Dillon(1982)은 초등학교에서 학습자의 질문이 적은 이유를 분석한 결과, 학습자의 심리·사회적인 측면으로 인하여 질문행동이 저해된다고 지적하였다. 학습자들이 정말로 알고 싶고 궁금한 질문들은 수업에서 부적절한 것일 수도 있고, 자신의 무지나 혼돈상태를 드러내어 스스로 웃음거리가 되는 결과를 낳을 수 있기 때문에, 학습자는 질문을 잘 하지 않는다고 하였다.

이렇게 초·중등학교 교실 상황에서 학습자들은 교수자에게 질문을 잘 하지 않고 있었으며, 학습자들은 학습자의 개인적 특성, 교실 내의 교수자 영향, 수업환경 및 동료학습자의 영향을 받고 있는 것으로 나타났다. 그러나 대학의 교수-학습 상황은 초·중등학교와는 다르다고 할 때, 대학 교수-학습 상황에서 학습자들의 질문행동이 어떻게 일어나며, 학습자들이 질문을 하지 않는 요인들을 탐색하고, 이러한 요인들이 학습자에게 어떻게 영향을 미치는지를 총제적인 관점에서 분석하는 것은 매우 중요하다고 할 수 있다. 이를 위하여 학습자 질문행동을 저해할 수 있는 교수자의 행동 특성과 관련된 교수자 변인과 교실 내의 수업환경과 관련된 환경적 변인을 살펴보았다.

2.3.2. 학습자 질문에 영향을 주는 교수자 변인

교수자는 학습자와 더불어 교수-학습 과정에 중요한 영향을 끼치는 요인 중에 하나로, 교수자는 수업 시간에 학습자의 언어적 참여의 수준을 결정할 수 있으며, 교수-학습과정에서의 상호작용을 변화시킬 수 있다(Christesen et al., 1995; Sandler, Silverberg, & Hall, 1996). 교수자의 구체적인 친근한 언어적 행동과 미소, 고개 끄덕임, 억양, 주시, 자세와 같은 교수자의 비언어적 행동들은 교수-학습 상황에서 학습자들을 불행하거나 즐겁게 만들 수 있으며, 교수자와 학습자의 상호작용에 중요한 영향을 줄 수 있다.

교수자는 학습자들의 질문행동에도 중요한 영향을 미치는 데, 수업에서 학습자들이 교수자에게 질문을 할 것인지 혹은 안할지는 교수자가 학습자 질문을 얼마나 지지하고 수용하는가에 달려있다(Graesser, Person, & Huber, 1993; Greeson, 1988; Nelson-Le Gall & Clor-Scheib, 1985; Newman, 1990; Schwager & Newman, 1991; van der Meij, 1986, 1988). 이는 교수자가 학습자 질문에 대하여 긍정적인 행동과 태도를 취하게 되면, 학습자들의 질문행동은 긍정적으로 달라질 수 있음을 의미한다. 그러므로 학습자 질문에 대한 교수자의 행동과 태도는 매우 중요하다고 할 수 있다.

실제 교수-학습 상황에서 교수자들은 학습자 질문이 매우 중요하다고 주장하면서도 실제로는 학습자 질문을 방해하는 태도를 자주 보이며, 학습자 질문을 별로 좋아하지 않는다(Dillon, 1986; Graesser & Person, 1994). Good 등(1987)은 교수자들이 학습자의 소극성을 높이기 위하여 학습자 질문을 통제하고 있다고 하였고, Wood & Wood(1988)은 학습자들이 질문하지 않는 이유는 교수자 통제에 의해 금지되어 있기 때문이라고 하였으며, Marchbad-Ad & Sokolove(2000)도 교수자가 학습자 질문을 싫어하거나 금지하고 있어 학습자 질문이 적게 이루어지고 있다고 하였다. 또 불확실성을 느끼는 특정 지식에 대한 논쟁을 피하기 위하여 교수자는 학습자의 질문을 기술적으로 교묘하게 피하거나 억누르고 있었으며, 교수자들은 학습자들이 교수자에게 질문할 수 있는 기회가 매우 제한하고 있다고 하였다(Gall, 1970; Woodward, 1992). 이러한 학습자 질문에 대한 부정적 교수자의 태도, 반응 그리고 무관심은 학습자의 질문을 억제하며, 특히 낮은 능력과 낮은 자기 존중감을 가진 학습자들에게 매우 부정적인 영향을 미칠 수 있다(Good, Slavings, Harel, & Emerson, 1987; Karabenick & Knapp, 199; Newman, 1990; Newman & Goldin, 1990; van der Meij, 1986, 1988).

Dillon(1988a)은 교수-학습 상황에서 제기되는 학습자 질문을 높이기 위해서는 교수자가 학습자 질문에 대한 정확한 이해(correct notion), 수용적인 태도(good attitude), 올바른 행동(right action)을 갖추고 있어야 한다고 주장하였다. 학습자 질문에 대한 정확한 이해란 교수-학습과정에서 학습자와 질문 역할을 올바르게 이해하는 것이다. 학습자 질문에 대한 교수자의 정확한 이해는 학습자 질문을 직접적으로 높여준다고는 할 수 없지만, 교수자의 잘못된 이해가 학습자가 질문을 방해할 수 있다는 점에 그 의미가 있다고 하였다. 또 학습자 질문을 받아들이고 중시하는 교수자의 수용적인 태도와 학습자 질문을 방해하지 않는 교수자의 올바른 행동도 학습자 질문을 무조건 높인다고는 할 수 없지만, 잘못된 태도와 행동이 학습자 질문을 저해할 수 있다는 점에서 그 의의가 있다고 주장하면서, 학습자 질문을 높이기 위하여, 교수자는 다음과 같이 세 가지를 학습자에게 제공해야 한다고 하였다.

첫째, 교수자는 학습자들이 질문할 수 있도록 체계적인 환경을 제공해야 한다. 실제적으로 교수자 질문과 학습자 질문은 부적상관을 보이는 데, 이는 교수자가 질문이 자주 이루어지면서 상대적으로 학습자가 질문할 기회를 제공받지 못하고 있음을 의미하며, 이를 위해 교수-학습 상황에서 교수자는 자신의 질문을 줄이고, 학습자가 질문할 수 있도록 격려해야 한다는 것이다. 또 학습자들은 친숙하지 않은 규범이나 행동을 인식하고 받아들이는 데 어느 정도의 시간이 필요하기 때문에, 교수자는 학습자들이 질문을 할 수 있도록 인내심 있게 충분히 기다려야 주어야 한다.

둘째, 교수자는 학습자가 질문을 하였을 때, 학습자 질문을 언제라도 환영해 주어야 한다. 학습자 질문에 대한 교수자의 반응태도와 행동은 질문을 한 학습자뿐만 아니라, 다른 동료학습자에게도 영향을 미치는 데, 이러한 교수자의 반응태도와 행동은 앞으로의 수업에서 학습자들이 질문행동에 결정적인 영향을 줄 수 있다(Newman, 1990; Schwager & Newman, 1991). 교수자가 학습자가 제기한 질문을 부정적으로 비판한다면, 학습자들 모두 질문을 하지 않고 침묵을 지키는 문화를 형성하겠지만, 학습자의 질문에 대하여 용기와 격려 그리고 칭찬을 제공한다면 자신들의 허물을 드러낼 수 있는 친근하고 허용적인 수업 분위기를 창출하는 데 영향을 줄 수 있다. 그래서 교수자는 학습자 질문이 제기되었을 때, 학습자의 질문을 경청하고 반응해 줌으로써, 학습자 질문이 수업에서 중요하다는 인상을 학습자들에게 제공해

주어야 한다.

셋째, 교수자는 학습자 질문이 고양되고 유지될 수 있도록 노력해야 한다. 학습자의 호기심에 따른 질문은 아주 순간적으로 드물게 나타나며, 질문이 나타난 경우에도 쉽게 사라지는 경향이 있다. 교수자는 이러한 학습자 질문을 다음과 같은 다섯 가지 방법을 통하여 고양하고 유지할 수 있다. ① 학습자가 겪는 당혹감의 경험과 질문 표현을 강화하고 보상함, ② 학습자들에게 질문을 잘 표현할 수 있는 방법을 제공함, ③ 학습자의 마음속에 내재되어 있는 질문을 찾아 학습자가 표현할 수 있도록 도와줌, ④ 학습자 질문에 대하여 함께 생각함, ⑤ 질문을 통해 드러난 학습자의 현 지적 상태를 이해하여 교수-학습 상황에서 교수자는 학습자 질문을 지속적으로 유지할 수 있도록 노력해야 한다.

다음으로 교수자가 학습자에게 질문시간을 제공하는 경우, 학습자들이 다양한 생각할 수 있도록 충분히 기다리는 시간을 제공하는 것이 중요하다(Rowe, 1986; Tobin, 1987). 특히 학습자들의 질문은 자신의 인지구조 속에서 정보를 처리하여 표출되기 때문에, 학습자들이 고차원적인 사고를 수행하여 질문을 생성하기 위하서는, 정보처리를 위한 충분한 시간이 확보되어야 한다(이성호, 2004).

또 학습자 질문에 대한 피드백을 제공하는 경우, 학습자들에게 긍정적인 피드백을 제공하는 것이 중요하다. 피드백이란 한 행위자의 행위 경과에 관한 정보를 행위자 자신에게 전달하는 작용으로(김호권, 1984), 학습자들의 질문 혹은 응답에 대하여 수업자가 어떠한 피드백을 주느냐는 수업의 효율성과 학습자 질문행동에 영향을 미칠 수 있다(Rosenshine, 1976). 학습자들은 자신의 아이디어에 대해 교수자가 흥미를 갖고 소중하게 다루어주는 것에 매우 민감한 경향이 있는데,

교수자가 학습자들의 질문에 긍정적인 피드백을 제공하면 학습자들은 교수자를 긍정적으로 생각하여(Thibodeaux & Siltanen, 1985), 질문빈도는 높아질 수 있다. 반면에 학습자들의 질문이나 대답에 무관심하게 반응하거나 비판적인 피드백을 주게 되면, 학습자들의 학습은 부정적인 영향을 받고 질문빈도는 감소하게 된다(Rosenshine, 1976; Medley, 1977). 이는 교수자의 피드백에 따라 학습자들의 질문행동이 달라질 수 있으므로, 교수자는 학습자들에게 긍정적인 피드백을 제공하도록 노력해야 한다.

다음으로 학습자 질문에 대한 정보적 반응을 하는 경우, 교수자는 학습자에게 충분하고 성실한 높은 수준의 답변을 제공해야 한다. 학습자들은 기본적으로 교수자가 조용한 학습자를 선호할 것이라고 생각하고 있기 때문에(Karabenick & Sharma, 1994), 교수자의 불성실하고 귀찮다는 식의 부정적인 반응은 학습자의 질문을 더욱 더 억제하는 반면, 교수자의 흥미있고 성실한 답변은 학습자 질문에 대하여 가치있고 중요하다는 인식을 교수자가 갖고 있다는 것을 간접적으로 보여줌으로써, 학습자의 좋은 질문을 이끌어 낼 수 있다(Shodell, 1995).

종합하면, 수업에서 적절한 상황이 주어진다면, 학습자들은 교수자에게 적극적으로 질문을 할 수 있다(Biddulph et al., 1986; Christenbury & Kelly, 1983; Dillon, 1983). 그러므로 학습자들의 질문을 이끌어 내기 위해서 교수자는 학습자 질문에 대한 긍정적인 행동과 태도를 취하는 것이 중요하다. 즉, 교수자는 학습자 질문에 대한 충분한 질문시간 제공, 성실하고 충분한 답변, 긍정적인 가치인식과 피드백 등의 교수자 지지를 제공한다면, 일방적인 교수자 주도의 강의식 수업보다는 학습자들의 질문빈도가 더욱 높아질 수 있다.

2.3.3. 학습자 질문에 영향을 주는 환경적 변인

인간의 행동을 설명할 때, 가장 널리 알려진 보편적 합의는 인간의 행동은 환경과 상호작용한다는 것이다. 이는 사람이 주체가 되는 교수-학습과정에서도 그대로 적용된다고 할 수 있다. 개개의 인간에게 속성이 있는 것과 같이 교실 내에도 어떤 특성이나 속성이 존재하는 데, 교수자와 학습자에 의해 교실 속에 형성되고 있는 이러한 사회적, 심리적, 물리적 환경은 학습자들의 교수-학습에 큰 영향을 준다(이성호, 2004).

수업환경이란 수업의 전개과정이나 수업과 관련된 상황에서 교수자와 학습자 간에 또는 학습자 상호 간에 형성되는 인간관계 내지 상호작용적인 사회·심리적인 풍토이다. 이러한 수업환경은 수업을 통하여 또는 수업과 관련된 상황에서 형성되며 객관적, 물리적인 시설 등의 영향을 받는다(박완희, 1996). 교실 속에 형성되어 있는 힘과 대인관계 영향이 행사되는 방식, 학습자들 간의 우정의 유형, 또래집단의 규범, 학습자들 간의 의사소통 형태, 교실집단성원의 응집성, 집단의 형성·발달 단계 같은 심리·사회적 환경뿐만 아니라(Schmuck & Schmuck, 2001; Smith, 1980), 수강인원 수에 따른 수업규모의 크기(Crawford & MacLeod, 1990; Howard, Short, & Clark, 1996; Myers, 1994; Mckeachie, 1990; Nunn, 1996), 교실 내의 좌석배치(이영숙, 2004; McGlynn, 1996; Montello, 1988), 교실 내의 벽 색깔, 창문의 크기와 균형, 비품의 배열, 각 학습자의 사물함의 안전성 등의 교실의 특징을 포함한 여러 가지 물리적 환경들(Drew, 1971)은 학습자의 행동을 비롯한 교수-학습과정에 영향을 줄 수 있다.

교수-학습 상황에서 학습자 질문은 교수자와 언어적 상호작용을 바탕으로 형성되는 것으로 이러한 심리·사회적 수업환경에 영향을 받는다. Watts 등(1997)은 학습자가 질문을 하는 경우, 자신의 지식 노출과 취약점이 드러나기 때문에 학습자들은 위험을 무릅쓰고 질문을 할 수 있는 안전한 환경을 필요로 한다고 지적하였다. Festinger(1997)는 학습자들이 수업시간에 말을 할 것인지 결정하는 데 중요한 요인은 학습자의 자신감으로, 이러한 자신감은 교수자와 학습자 간에 형성되는 심리·사회적 수업환경, 특히 동료학습자와의 관계에 영향을 받는다고 하였다. 또 Yu 등(2008)은 교수–학습 상황에서 학습자들은 상대방으로부터 부정적인 평가를 받거나 혹은 자기존중감에 대한 상처를 입을까에 대한 두려움이 있다고 하였으며, Bassett & Smythe(1979)는 긍정적인 수업분위기가 형성될수록, 즉 학습자들이 교실에서 서로 편안하게 느낄수록 다른 학습자들과의 상호작용이 자주 일어나 수업에 보다 활발하게 참여할 수 있다고 하였다. Walberg(1979)는 구성원 간의 상호작용이나 교수자의 지원 등이 잘 되어 있는 경우 학습자들의 연대의식이나 상호작용에 긍정적으로 영향을 준다고 하였으며, Thibodwaux(1985)은 교수자와 학습자 간의 신뢰로운 관계는 학습자들이 수업에서 편안하게 느끼는 데 중요한 요소이며, 이러한 교수자와 학습자 간의 수평적 관계를 통해 이루어지는 신뢰와 결속력은 학습자가 수업에 참여하는 데 중요한 작용을 한다고 하였다. 또한 McGlynn (1996)은 학습자들 간에 협동적, 협력적인 활동을 하거나 친구를 사귈 때 수업 내 정서적인 분위기가 형성된다고 하였다. 이렇게 교수자와 학습자, 학습자와 학습자 간의 형성되는 수업환경은 학습자 특성과 교수자 특성만큼이나 학습자 질문에 중요한 영향을 줄 수 있다.

Dillon(1982)은 교실 내에서 학습자들의 질문이 적은 이유를 크게 두 가지로 제시하였는데, 첫째는 사회언어학적인 측면으로, 일반적으로 어른에게 질문을 하는 행동은 자연스럽기보다는 허가를 얻어야 하는 일이라는 점과 가르침을 받는 학습자의 상대적 지위와 역할 그리고 교수자의 질문이 행하는 통제적 기능 등이 학습자의 질문을 저해하고 있으며, 다른 하나는 논리적, 심리학적 측면으로, 학습자들이 정말로 알고 싶고 호기심 나는 질문들은 수업과정에 부적절한 것일 수 있고, 학습자의 무지나 혹은 혼돈상태를 드러내어 스스로 웃음거리가 되는 결과를 가져올 수 있어 학습자들의 질문이 잘 일어나지 않는다고 하였다.

교수-학습 상황에서 학습자가 제기하는 질문은 공공적이며 자기노출적이고, 자신의 지적 상태에 대한 부적절성을 드러낼 수 있기에, 공격적이고 위협적인 상황에서 학습자가 질문을 제기하는 것은 학습자의 자기존중감을 낮추고 난처함을 증가시킬 수 있다(Dillon, 1981; Duval & Wicklund, 1972; Fisher, Nadler, & Whitcher-Alagna, 1982; Graesser & Person, 1994; Karabenick & Knapp, 1988; Nadler, 1991; Rosen, 1983; Shapiro, 1983). 또 학습자들은 동료학습자를 의식해야 하고 교수자와 학습자의 관계라는 권력을 받아들여야 하는 데(Jackson, 1968), 질문에 대한 안전한 환경이 제공되지 않은 상황에서 학습자들이 교수자에게 질문을 하는 것은 쉽지 않다.

양미경(2002)은 초·중고등학생 1,440명과 교사 900명을 대상으로 학습자의 질문에 대한 교수자의 인식과 태도를 조사하였는데, 교수자들은 학습자들이 질문을 많이 제기하였을 때, 학습에 대한 열의가 느껴져 기분이 좋아지는 것으로 나타났음에도 불구하고, 대부분의 학습자들은 거의 질문을 하지 않는 것으로 나타났다. 질문이 있음에도 불구하고 이를 표출하지 않는 이유에는 모르는 것이 드러나는 것이 싫어서, 잘난 체 하는 것 같아, 학습자들이 너무 많아 용기가 나지 않아서, 질문을 했다가 창피를 당한 적이 있어서, 선생님이 무섭게 느껴져서, 진도를 나가는 데 방해가 될까봐 등 수업분위기와 관련된 요인을 전체 요인 중에 약 46% 정도를 차지하였는데, 이러한 결과는 교수자로부터 형성된 수업분위기가 암암리에 학습자들의 질문을 억압하고 있음을 나타낸다.

학습자들은 자신의 질문을 교수자로부터 거부당할 것에 대한 심리적 두려움과 교수자가 너무 바빠서 질문에 대답해 주지 않을 것이라는 걱정 그리고 교수자 혹은 동료학습자의 부정적인 반응에 대한 두려움을 가지고 있는데, 이런 이유로 학습자들은 수업상황에서 자발적으로 질문하는 것을 원치 않으며, 자신들의 이름이 호명되고 노출되는 것도 원하지 않는다(Dillon, 1988b; Good et al., 1987; Maskill & Pedrosa de Jesus, 1997; van der Meij, 1986, 1988). Yu & Liu(2009)에 따르면 학습자들은 온라인상에서 자신의 진짜이름으로 질문을 하는 것보다 닉네임이나 거짓이름으로 질문을 했을 때 그 빈도수가 더 높게 나타났다고 하였다.

우리나라의 경우, 많은 학습자들은 교수자에게 질문하는 것이 익숙하지 않다. 더욱이 상명하복의 유교적 수직문화와 경청을 미덕으로 생각하는 사회적 풍토가 교수-학습 상황에도 그대로 녹아들어가 있어, 학습자가 교수자에게 질문하는 것을 더욱 어렵게 만들고 있다. 보통 남자 교수자들의 경우, 지지적이고 표현적인 여자 교수자들에 비하여 좀 더 권위적이고 지시적이다(Meece, 1987). 2009년 현재 우리나라 전체 국내 대학에서 재직하고 있는 교수자 75,469명 중 남자 교수자와 여자 교수자의 비율은 79.6% 대 20.4%로 남자 교수자가 훨씬 많다(한국교육개발원, 2009). 상대적으로 여자 교수자들에 비하여 권위적이고 지시적인 남자 교수자들은 학습자들에게 교수자에 대한 순응과 복종을 더욱 강조함으로써, 학습자가 교수자의 의견에 대하여 의문을 제기한다거나 반박하는 것은 교수 권위에 대한 도전으로 받아들일 수 있는 경향이 더 높기 때문에 학습자들이 교수자에게 질문하는 것이 쉽지 않다.

또 경청을 미덕으로 생각하는 풍토로 인해 수업시간에 활발하게 질문하는 사람을 가볍게 여기고 그다지 반기지 않는 경향이 있다. 그래서 수업시간에 학습자가 질문을 하기 위해서는 다른 학습자들이 자신에 대한 질문을 어떻게 받아들이는지에 대한 눈치를 보아야 한다. 눈치는 한국적인 의사소통의 한 방식으로, 직접적으로 표출되지 않는 상대의 감정과 생각을 추론하는 대인 상호관계 상황에서 상호 간의 교류에서 체면을 잃지 않고 상을 찌푸리지 않도록 하면서, 상대방에게 의도를 은연 중에 전달하는 간접적인 의사소통 기술이다(최상진·최연희, 1990). 즉, 수업에서 체면을 잃지 않고 자존심을 유지하기 위한 노력의 일환으로, 수업에서 이해를 더 잘 하는 집단의 학습자들에게 피해를 주지 않고, 자신들이 무능하게 여겨지지 않도록 행동을 조심하려는 것이다. 학급 집단 구성원들은 다른 학습자들의 행동을 서로 살펴보기 때문에(김석수, 1998), 이러한 눈치 기제에 의해 교수-학습 상황에서 학습자는 공개적으로 다른 학습자들 앞에서 교수자에게 질문을 하는 것이 쉽지 않다.

다음으로 교실의 수업규모 크기는 학습자의 수업참여에 큰 영향을 미치는 중요한 요인이다(Crawford & MacLeod, 1990; Howard, Short & Clark, 1996), 수업규모의 크기와 학습자의 의사소통의 기회는 부적관계를 갖는데(Myers, 1994), 실제로 학습자들은 소규모 학급의 수업을 더 선호하며, 수업규모가 작을수록 수업에 더 잘 참여하는 것으로 나타났다(McKeachie, 1990; Nunn, 1996). 이러한 수업규모의 크기는 학습자 질문행동에도 영향을 준다. Ozerk(2001)의 연구에 따르면 학습자들은 수강인원 수가 적은 수업에서 수강인원이 많은 수업보다 학습자 질문을 약 2배 정도 많이 한 것으로 나타났다. 이는 수업규모가 클수록 학습자 개인은 책임감과 활동의 의미가 줄어들며, 반대로 교수자는 각각의 학습자들을 알 수 있는 가능성과 적합한 수업을 할 수 있는 가능성이 높아지기 때문이다.

또한 교실 내의 책상과 의자의 배치 및 배열은 교실의 전체 분위기를 형성하며, 학습자 수업참여에 영향을 미치는 또 다른 직접적인 요인이다. 즉, 교실 내의 좌석배치는 학습자들이 수업에 적극적으로 참여하고, 긍정적인 분위기를 형성하는데 매우 중요한 영향을 미친다. 책상 배치의 다변화가 가져오는 가장 큰 특징은 교수자와 학습자의 거리감을 결정하거나, 학습자 상호간의 친밀도를 결정짓는 중요한 요소가 될 수 있으며, 가능한 원으로 배열해서 교수자와 학습자가 서로의 얼굴을 볼 때 더 적극적인 수업이 가능하다(이영숙, 2004; McGlynn, 1996). Montello(1988)은 앞좌석에 앉은 학습자가 뒷좌석에 앉은 학습자보다 교수자에 대해 더 우호적이고 수업참여에 더욱 적극적인 경향이 있다고 하였다. 이는 교수자의 눈맞춤(eye contact)과 대화(conversation)를 통한 상호작용이 학습자 적극적인 수업참여에 영향을 미치는 데, 교수자는 뒷좌석에 앉은 학습자에 비하여 상대적으로 앞좌석에 앉은 학습자에게 눈맞춤과 대화를 더 많이 제공하기 때문이다. Adams와 Biddle(1970)도 이와 비슷한 결과가 나타났는데, 앞자리와 중간자리의 활동영역(action zone)에서 학습자들의 참여가 가장 많이 나타났다(Evans, 1984에서 재인용). 이렇게 책상 배열의 다변화는 기존의 수업구조보다 교수자와 학습자, 학습자와 학습자 상호간의 거리를 가깝게 하고, 교수자와 학습자, 학습자와 학습자 상호간의 친밀도를 높일 수 있다.

요약하면 교수-학습 상황에서 학습자가 교수자에게 질문을 하는 것은 공개적으로 자신의 지적상태를 드러내는 것이기 때문에, 학습자 질문행동은 동료학습자에 의하여 상처를 받을 수 있다. 수업시간에 학습자가 보다 질문을 잘 표출하기 위해서는 질문에 대한 긍정적인 수업분위기, 교수자와 학습자 간에 비위협적이고 수평적인 관계, 동료학습자들자 간의 긍정적인 경청분위기, 심리적 안정을 줄 수 있는 적절한 수업규모의 크기, 수업참여를 유도할 수 있는 책상 배열의 다변화 등의 환경적 지지가 필요하다고 할 수 있다.

Chapter 3

결과 분석 및 종합적 논의

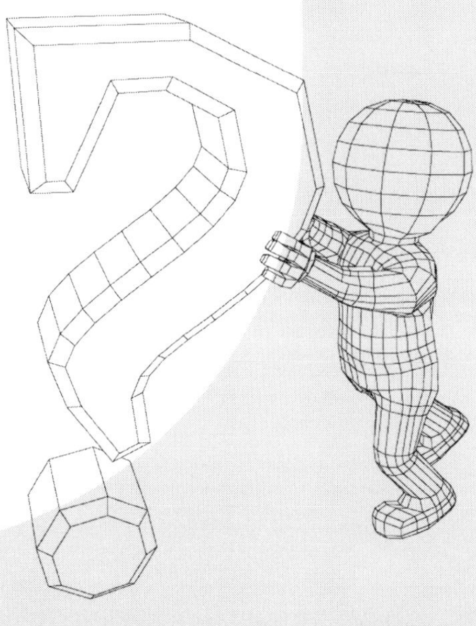

이 장에서는 본 연구의 목적과 내용에 따라 수집된 자료를 분석하여, 그 결과를 제시하였다. 우선 대학 수업에서 이루어지는 학습자들의 질문행동, 질문시기, 질문유형의 실태를 조사한 후, 교수자의 교수방법에 따라 학습자들의 질문행동이 달라지는지를 분석하였다. 또 학습자 질문행동이 인지적 갈등, 마음속에 생성된 질문, 금지와 주저함, 실제 질문행동, 교수자 지지, 환경적 지지를 통해 어떠한 과정을 거쳐 나타나는지를 구조방정식 모형으로 제시하였다. 다음으로 학습자 질문행동에 관련된 변인들에 대한 교수자와 학습자의 인식의 차이를 비교한 후, 수업상황에서 학습자들이 경험한 질문저해 요소들을 심층적으로 분석하였다.

3.1. 교수자와 학습자들의 질문행동 실태 분석

3.1.1. 학습자 질문빈도, 선호하는 질문시간, 교수자 및 학습자의 질문유형

대학 수업에서 이번 학기동안 수업시간 중과 수업시간 외에 학습자가 교수자에게 질문한 총 빈도는 다음 <표 3-1>과 같다. 학습자 질문빈도는 수업시간 중보다 수업시간 외에 약 3배가 더 높게 나타났다. 먼저 이번 학기 동안 이루어진 학습자 질문 수는 수업시간 중에는 54개, 수업시간 외에는 141개로 수업시간 외에 학습자 질문 수가 높게 나타났다. 이 중에서 수업시간 중에 질문을 하지 않은 학습자는 171명(85.5%)으로 가장 많았고, 다음으로 1개의 질문을 한 학습자는 14명

(7%), 2개의 질문을 한 학습자는 8명(4%), 3개의 질문을 한 학습자는 5명(2.5%), 4개와 5개를 질문한 학습자는 각각 1명씩(0.5%)으로 나타났다. 다음으로 수업시간 외에 질문을 하지 않은 학습자는 135명(67.5%)로 가장 많았고, 1개의 질문을 한 학습자는 23명(11.5%), 2개의 질문을 한 학습자는 25명(12.5%), 3개의 질문을 한 학습자는 11명(5.5%), 4개의 질문을 한 학습자는 4명(2.0%) 그리고 7개와 8개의 질문을 한 학습자는 각각 1명씩(0.5%) 나타났다.

표 3-1 학기 동안 이루어진 학습자 질문 수별 학습자 분포

질문 수	수업시간 중		수업시간 외	
	학습자 수(N)	백분율(%)	학습자 수(N)	백분율(%)
0	171	85.5	135	67.5
1	14	7.0	23	11.5
2	8	4.0	25	12.5
3	5	2.5	11	5.5
4	1	0.5	4	2.0
5	1	0.5	0	0.0
6	0	0.0	0	0.0
7	0	0.0	1	0.5
8	0	0.0	1	0.5
전체	54	100.0	141	100.0

다음으로 학습자가 교수자에게 질문하기 편안한 시간을 조사한 결과는 다음 <표 3-2>와 같다. 수업시간 중에 교수자에게 질문하는 것이 편안하다는 학습자는 13명(6.5%), 수업시간 외에 교수자에게 질문하는 것이 편안하다는 학습자는 156명(78%), 수업시간 중이나 수업시간 외

아무 때나 상관없다는 학습자는 31명(15.5%)로 나타났다.

〈표 3-2〉 학습자가 교수자에게 질문하기 편안한 시간 유형별 학습자 분포

구분		학습자 수(N)	백분율(%)
질문시 편안한 시간	수업시간 중에 하는 것이 편함	13	6.5
	수업시간 외에 하는 것이 편함	156	78.0
	수업시간 중·외 언제나 상관없음	31	15.5
전체		200	100.0

대학 교수-학습 상황에서 각 수업사례별에서 나타난 교수자와 학습자의 질문빈도 및 질문유형은 다음 <표 3-3>과 같다.

표 3-3 각 수업사례별 교수자와 학습자 질문빈도 및 질문유형

	교수자 질문유형 (수업 내 시간)			학습자 질문유형 (수업 내 시간)			
	수렴적 질문수	개방적 질문수	합계	수렴적 질문수	개방적 질문수	합계	특이사항
A수업사례	(5)4	0	9	1	0	1	없음
B수업사례	(0)9	4	13	(3)8	6	17	• 수업 후 학습자 교수자에게 한 질문 9개
C수업사례	25	5	30	3	2	5	• 발표수업 때 학습자 간 한 질문 14개
D수업사례	17	2	19	1	2	3	• 토론식 수업 때 교수자에게 모두 질문함.
E수업사례	(5)4	3	12	4	0	4	• 수업 후 학습자가 교수자에게 한 질문 1개
전체	(10) 59	14	83	(3)17	10	30	

( )는 예/아니오 양자택일형 질문임.

전체 수업사례[2)]에서 나타난 교수자와 학습자의 질문빈도의 경우, 교수자 질문은 83개, 학습자 질문은 30개가 관찰되었다. 이는 수업 1시간 당 질문빈도는 교수자는 1.4개, 학습자는 0.5개가 이루어지고 있음을 의미하였다. 다음으로 전체 수업사례에서 나타난 교수자와 학습자의 질문유형의 경우, 교수자는 총 83개의 질문 중에서 지난 시간에 배운 지식이나 이해를 재생하도록 요구하는 수렴적 질문은 69개(Yes/No를 요구하는 질문은 10개 포함)로 나타났고, 지식의 확장이나 사고력을 요구하는 질문인 개방적 질문은 14개가 관찰되었다. 학습자는 총 30개의 질문 중에서 이미 교수자가 수업했던 내용 중 지식이나, 이해가 잘 되지 않는 부분을 물어보는 수렴적 질문은 20개(시험이나, 수업과 관련된 절차를 요구하는 예/아니오 양자택일형 질문 3개 포함)로 나타났고, 자신의 지식을 바탕으로 분석하고 종합하는 능력을 요구하는 개방적 질문은 10개가 관찰되었다.

각 수업사례별로 살펴보면, A수업에서는 9개의 교수자 질문과 1개의 학습자 질문이 나타났고, B수업에서는 13개의 교수자 질문과 17개의 학습자 질문이 나타났으며, 수업이 끝난 후에는 9개의 질문이 교수자에게 학습자 개인적으로 이루어졌다. C수업에서는 30개의 교수자 질문과 5개의 학습자 질문이 나타났으며, 발표식 수업 때 학습자 간에 14개의 질문이 이루어졌다. D수업에서는 19개의 교수자 질문과 3개의 학습자 질문이 나타났으며, 토의식 수업 때는 학습자가 교수자에게 3개의 질문을 한 것으로 나타났다. E수업에서는 12개의 교수자 질문과 4개의 학습자 질문이 나타났으며, 수업이 끝난 후에는 1개의 질문이 교수자에게 학습자 개인적으로 이루어졌다.

---

2) 2시간 × 5개 수업 × 6회 관찰 = 총 60시간

3.1.2. 학습자의 질문 존재여부, 질문 저해요인 및 질문 해결방법

대학 교수-학습 상황에서 학습자의 질문이 존재하는지를 분석하기 위해서 교수자에게 질문을 하지 않는 이유를 조사하였으며, 그 결과는 다음 <표 3-4>와 같다. 학습자들은 교수-학습 상황에서 교수자에게 질문하지 않는 이유에 대해서 궁금한 것이 없기 때문이라고 지적한 학습자가 70명(35%)이고, 마음속에는 질문이 존재하지만, 여러 가지 이유로 인해 교수자에게 질문을 하지 못했다고 대답한 학습자가 130명(65%)로 나타났다.

표 3-4 학습자가 교수자에게 질문을 하지 않는 이유별 학습자 분포

구분		학습자 수(N)	백분율(%)
질문하지 않는 이유	궁금한 것이 전혀 없기 때문에	70	35.0
	마음속에는 있었지만, 여러가지 이유 때문에	130	65.0
전체		200	100.0

이에 따라, 대학 교수-학습 상황에서 학습자의 내재된 질문을 실제로 교수자에게 표출하지 않는 이유를 조사하였으며, 그 결과는 다음 <표 3-5>와 같다. 학습자가 마음속에 생성된 질문을 실제로 교수자에게 표출하지 않는 이유를 조사한 결과, 총 17개 문항 중 응답빈도가 매우 적게 나타난 4개 문항을 제외한 13가지의 이유가 도출되었다. 도출된 13가지 이유는 크게 교수자 관련요인, 환경적 관련요인, 학습자 관련요인으로 나누어지며, 요인별 크기는 환경적 관련요인 270명(52.9%), 교수자 관련요인 137명(26.9%), 학습자 관련요인이 103명(20.2%) 순으로 나타났다.

구체적으로 환경적 관련요인으로는 학습자가 너무 많아 용기가 안 난다(76명), 질문하는 분위기 형성이 되어있지 않다(60명), 수업진도 시간에 영향을 준다(48명), 친구들이 잘난척 한다고 생각한다(33명), 내 무지가 탄로날까봐(29명), 모두가 모르는 질문을 해야 한다는 압박감 때문에(24명)으로 나타났으며, 교수자 관련요인으로는 교수님이 무섭고, 질문하는 것을 싫어하시는 거 같다(37명), 수업내용이 너무 쉽고 교수님이 잘 가르치셔서(32명), 교수님이 질문할 기회를 안주신다(25명), 전에 질문했다가 교수님께 창피를 당했던 경험이 있다(23명), 교수님께 질문해도 만족할 만한 답변을 얻지 못할 것 같다(20명), 마지막으로 학습자 관련요인으로는 나의 의문점을 질문으로 표현하기가 쉽지 않다(65명), 내가 수업을 잘 이해하지 못해 모르는 것이 너무 많다(38명)로 나타났다.

표 3-5 학습자가 내재된 질문을 실제로 교수자에게 표출하지 않는 이유[3)]

구분		응답 수 (N)	백분율 (%)
교수자 관련요인	교수님이 무섭고, 질문하는 것을 싫어하시는 거 같다.	37	26.9
	수업내용이 너무 쉽고 교수님이 잘 가르친다.	32	
	교수님이 질문할 기회를 안주신다.	25	
	전에 질문했다가 교수님께 창피를 당했던 경험이 있다.	23	
	교수님께 질문해도 만족할 만한 답변을 얻지 못할 것 같다.	20	
	합계	137	
환경적 관련요인	학습자가 너무 많아서 질문하기에 용기가 안 난다.	76	52.9
	질문하는 분위기 형성이 되어 있지 않다.	60	
	질문을 하면 수업진도 시간에 영향을 준다.	48	
	친구들이 잘난 척 한다고 생각한다.	33	
	내 무지가 탄로날까봐 두렵다.	29	

3) 학습자는 제시된 설문문항에 대하여 5개까지의 복수응답을 하였다.

구분		응답 수 (N)	백분율 (%)
	모두가 모르는 질문을 해야 한다는 압박감 때문에	24	
	합계	270	
학습자 관련요인	나의 의문점을 질문으로 표현하기가 쉽지 않다.	65	20.2
	내가 수업을 잘 이해하지 못해 모르는 것이 너무 많다.	38	
	합계	103	
전체		510(100.0)	

다음으로 대학 교수–학습 상황에서 학습자가 질문이 있는 경우 어떻게 이를 해결하는지를 조사하였다. 대학 교수–학습 상황에서 학습자들은 질문이 생성되었을 때, 주위의 친구 혹은 선배에게 물어보거나, 스스로 책이나 인터넷을 통해 해결하는 경우는 140명(70%)이고, 수업시간 외 교수자님께 따로 여쭤보거나, 메일을 보내서 해결하는 경우는 27명(13.5%)으로 나타났다. 수업시간 중에 손을 들고 교수님께 해결하기 위해 여쭈어 보는 경우는 10명(5.0%), 그냥 넘어가는 경우는 5명으로 나타났다(2.5%). 이를 정리한 결과는 다음 <표 3-6>와 같다.

표 3-6 대학 수업에서 학습자 질문이 있는 경우 해결방법 유형별 학습자 분포

구분		학습자 수(N)	백분율(%)
질문해결 방법	주위의 친구들이나 선배에게 물어보거나, 스스로 책이나 인터넷을 통해 해결한다.	140	70.0
	수업시간 외에 교수자님께 따로 여쭤보거나, 메일을 보내서 해결한다.	27	13.5
	수업시간 중에 손을 들고 교수자님께 여쭈어 본다.	10	5.0
	그냥 넘어간다.	5	2.5
	결측치	18	9.0
전체		200	100.0

3.2. 교수자의 교수방법과 질문빈도에 따른 학습자 질문행동 변화 분석

3.2.1. 현재 수강하는 수업의 교수방법과 학습자가 선호하는 교수방법

대학 교수-학습 상황에서 현재 수강하는 수업의 교수방법 실태와 학습자가 선호하는 교수방법을 분석한 결과는 다음 <표 3-7>과 같다. 우선 대학 교수-학습 상황에서 교수자들은 강의식 교수법을 가장 많이 사용하고 있었으며(73%), 다음으로 발표식 교수법(12.5%), 토론식 교수법(10%) 순으로 교수방법을 사용하고 있는 것으로 나타났다. 또 대학 교수-학습 상황에서 학습자들이 선호하는 교수방법은 강의식 교수방법이 132명(66%)으로 가장 높았으며, 다음으로 토론식 교수방법은 31명(15.5%), 혼합식 교수방법이 11명(5.5%), 발표식 교수방법이 7명(3.5%)로 순으로 나타났다.

표 3-7 현재 수업의 교수방법 실태와 선호하는 교수방법 유형별 학습자 분포

구분		현재 수업의 교수방법		학습자 선호 교수방법	
		학습자 수(N)	백분율(%)	학습자 수(N)	백분율(%)
현재 수업의 교수방법	강의식 교수법	146	73.0	132	66.0
	토론식 교수법	20	10.0	31	15.5
	발표식 교수법	25	13.0	7	3.5
	혼합식 교수법 (강의+토론+발표)	0	0	11	5.5
	결측치	9	4.0	19	9.5
전체		200	100.0	200	100.0

3.2.2. 학습자가 선호하는 교수방법에 따른 질문행동 변화

대학 교수-학습 상황에서 강의식 교수법을 선호하는 학습자들 중에서 교수자의 교수방법이 달라짐에 따라 학습자들의 질문행동 변화를 분석한 결과는 다음 <표 3-8>과 같다. 강의식 교수법을 선호하는 학습자들은 대학 교수-학습 상황에서 교수자가 다른 교수방법(토론식 수업, 발표식 수업, 토론·발표 혼합식 수업)을 사용할 경우 자신의 질문행동이 현재보다 긍정적으로 달라질 수 있다고 응답한 학습자는 11명(8.3%)로 나타났으나, 교수자의 교수방법이 달라지더라도 자신의 질문행동이 현재와 달라지지 않을 것이라 응답한 학습자는 121명(91.7%)으로 나타났다.

표 3-8 강의식 교수방법을 선호하는 학습자의 교수방법에 따른 질문행동 변화

구분		학습자 수(N)	백분율(%)
강의식 교수방법을 선호하는 학습자의 교수방법에 따른 질문행동 변화	나의 질문행동은 현재와 달라짐	11	8.3
	나의 질문행동은 현재와 차이 없음	121	91.7
전체		132	100.0

3.2.3. 교수자의 질문빈도에 따른 학습자 질문빈도 변화

대학 교수-학습 상황에서 교수자의 질문빈도가 학습자의 질문빈도에 영향을 주는지를 분석한 결과는 다음 <표 3-9>와 같다. 각 수업에서 교수자의 질문빈도는 C수업 30개, D수업 19개, B수업 13개, E수업 12개, A수업 9개 순으로 높게 나타났으나, 학습자 질문빈도는 B수업

17개, C수업 5개, E수업 4개, D수업 3개, A수업 1개 순으로 높게 나타났다. 교수자 질문빈도와 학습자 질문빈도 상관은 $r = -.062 (p > .921)$로 유의하지 않게 나타났다.

표 3-9 교수자 질문빈도와 학습자 질문빈도 간의 관계

	교수자 질문빈도(N) (수업내 시간)	학습자 질문빈도(N) (수업내 시간)	상관계수(r)
A수업사례	9	1	
B수업사례	13	17	
C수업사례	30	5	
D수업사례	19	3	
E수업사례	12	4	
전체	83	30	-.062

3.3. 학습자 질문에 대한 교수자와 학습자의 인식의 차이

3.3.1. 학습자 질문변인에 대한 교수자와 학습자의 인식 비교

대학 교수-학습 상황에서 교수자와 학습자가 학습자 질문변인에 대하여 어떻게 인식하고 있는지를 분석하기 위하여, 학습자의 인지적 갈등(CC), 학습자 마음속에 생성된 질문(HA), 학습자의 질문에 대한 금지와 주저함(IH), 학습자의 실제 질문행동(AQ)의 네 가지 측면에서 살펴보았으며, 그 결과는 다음 <표 3-10>과 같다.

표 3-10 학습자 질문변인에 대한 인식 비교

구분	집단	사례 수	평균	표준편차	t
학습자의 인지적 갈등(CC)	교수자	35	2.73	.761	-2.049*
	학습자	200	3.09	.968	
학습자 마음속에 생성된 질문(HA)	교수자	35	3.00	.750	.513
	학습자	200	2.92	.847	
학습자의 질문에 대한 금지와 주저함(IH)	교수자	35	2.64	.783	-4.121***
	학습자	200	3.32	.892	
학습자의 실제 질문행동(AQ)	교수자	35	3.18	1.31	3.550**
	학습자	200	2.45	.867	

* p〈.05 ** p〈.01 *** p〈.001

먼저 대학 교수-학습 상황에서 학습자가 인지적 갈등을 느끼고 있는가에 대한 인식(CC)을 조사한 결과, 교수자는 2.73, 학습자는 3.09로 학습자가 더 높게 인식하고 있었으며, 이들 간의 유의미한 차이가 나타났다($t=-2.409$, $p<.05$). 두 번째로, 대학 교수-학습 상황에서 학습자 마음속에 생성된 질문이 있는지에 대한 인식(HA)을 조사한 결과, 교수자 3.00, 학습자 2.92로 교수자가 더 높게 인식하고 있었으나, 이들 간의 유의미한 차이는 나타나지 않았다($t=.513$, $p>.05$). 세 번째로, 대학 교수-학습 상황에서 학습자의 질문에 대한 금지와 주저함에 대한 인식(IH)을 조사한 결과, 교수자는 2.64, 학습자는 3.32로 학습자가 더 높게 인식하고 있었으며, 이들 간의 유의미한 차이가 나타났다($t=-4.121$, $p<.001$). 마지막으로 대학 교수-학습 상황에서 학습자가 질문이 있을시, 실제로 질문을 교수자에게 하는지에 대한 인식(AQ)을 조사한 결과, 교수자는 3.18, 학습자는 2.45로 교수자가 더 높게 인식하

고 있었으며, 이들 간의 유의미한 차이가 나타났다($t = 3.550$, $p < .01$).

3.3.2. 교수자 지지와 환경적 지지에 대한 교수자와 학습자의 인식 비교

대학 교수-학습 상황에서 교수자와 학습자가 학습자 질문에 영향을 주는 교수자 지지와 환경적 지지에 대하여 어떻게 인식하고 있는지를 살펴보았으며, 이를 정리한 결과는 다음 <표 3-11>과 같다.

대학 교수-학습 상황에서 교수자와 학습자 간의 학습자 질문에 대한 교수자 지지와 환경적 지지에 대한 인식은 질문에 대한 특별한 설명, 질문에 대한 감정적인 반응, 질문에 대한 가치인식, 질문에 대한 수업분위기, 동료학습자들의 반응, 교수자와 학습자 간의 수평적 관계, 학습자 질문을 위한 교수자 지지에 대한 인식, 학습자 질문을 위한 환경적 지지에 대한 인식에서 유의미한 차이가 나타났다.

구체적으로 살펴보면, 우선 학습자 질문을 위한 교수자 지지 영역에서 질문에 대한 특별한 설명에 대한 인식은 교수자는 3.86, 학습자는 3.47으로 교수자가 더 높게 나타났으나($t = 2.435$, $p < .05$), 질문에 대한 감정적인 반응에 대한 인식은 교수자는 3.81, 학습자는 4.13으로 학습자가 더 높게 나타났다($t = -2.733$, $p < .01$). 또 질문에 대한 가치인식은 교수자는 3.95, 학습자는 3.61로 교수자가 더 높게 나타났다($t = 4.076$, $p < .001$). 그러나 질문에 대한 정보적 반응의 인식과 질문에 대한 보상의 인식은 교수자가 더 높게 나타났으나, 유의미한 차이는 나타나지 않았다.

다음으로 학습자 질문을 위한 환경적 지지 영역에서 질문에 대한 수업분위기의 인식은 교수자가 3.82, 학습자는 3.32로 교수자가 더 높게 나타났으며($t = 4.969$, $p < .001$), 동료학습자들의 반응에 대한 인식

도 교수자가 3.82, 학습자는 2.82로 교수자가 더 높게 나타났다($t = 8.935$, $p < .001$). 그리고 교수자와 학습자 간의 수평적 관계에 대한 인식은 교수자가 4.09, 학습자는 3.77로 교수자가 더 높게 나타났다($t = 3.399$, $p < .01$). 그러나 질문을 할 수 있는 기회제공에 대한 인식과 수강인원의 적절성에 대한 인식은 학습자가 더 높게 나타났으나, 유의미한 차이는 나타나지 않았다.

전체적으로 교수자 질문 지지에 대한 인식은 교수자가 3.94, 학습자가 3.67로 더 높게 나타났으며($t = 3.964$, $p < .001$), 학습자 질문을 위하여 환경적 지지에 대한 인식도 교수자는 3.75, 학습자는 3.30으로 교수자가 더 높게 나타났다($t = 5.218$, $p < .001$).

표 3-11 학습자 질문에 대한 교수자 지지와 환경적 지지의 인식 비교

구분		집단	사례수	평균	표준편차	t
교수자 지지	질문에 대한 특별한 설명	교수자	35	3.86	.78335	2.435*
		학습자	200	3.47	.87201	
	질문에 대한 감정적 반응	교수자	35	3.81	.54225	-2.733**
		학습자	200	4.13	.86371	
	질문에 대한 정보적 반응	교수자	35	3.82	.58387	1.018
		학습자	200	3.70	.78792	
	질문에 대한 가치인식	교수자	35	3.95	.33920	4.076***
		학습자	200	3.61	.87622	
	질문에 대한 보상	교수자	35	3.86	.43791	1.180
		학습자	200	3.75	.83275	
	질문을 할 수 있는 기회제공	교수자	35	3.18	.65929	-.998
		학습자	200	3.61	.86400	

구분		집단	사례수	평균	표준편차	t
환경적 지지	질문에 대한 수업분위기	교수자	35	3.82	.44753	4.969***
		학습자	200	3.32	.89251	
	수강인원의 적절성	교수자	35	3.27	.92779	-.122
		학습자	200	3.39	.97865	
	동료학습자들의 반응	교수자	35	3.82	.44753	8.935***
		학습자	200	2.82	1.14338	
	교수자와 학습자 간의 수평적 관계	교수자	35	4.09	.42306	3.399**
		학습자	200	3.77	.86807	
전체	학습자 질문을 위한 교수자 지지에 대한 인식	교수자	35	3.94	.28687	3.964***
		학습자	200	3.67	.67028	
	학습자 질문을 위한 환경적 지지에 대한 인식	교수자	35	3.75	.39031	5.218***
		학습자	200	3.30	.75644	

* p〈.05 ** p〈.01 *** p〈.001

3.4. 학습자 질문과정 및 행동의 구조모형 분석

3.4.1. 학습자 질문행동의 주요 변인 간의 상관관계

대학 교수-학습 상황에서 학습자 질문행동의 주요변인인 인지적 갈등(CC), 마음속에 생성된 질문(HA), 금지와 주저함(IH), 실제 질문행동(AQ), 학습자 질문에 대한 교수자 지지(PTSQ), 학습자 질문에 대한 환경적 지지(PESQ) 간의 상관관계는 다음 <표 3-12>와 같다.

표 3-12 학습자 질문행동의 주요 변인 간의 상관관계

	인지적 갈등 (CC)	마음속에 생성된 질문(HQ)	금지와 주저함 (IH)	실제 질문행동 (AQ)	교수자 지지 (PTSQ)	환경적 지지 (PESQ)
인지적 갈등 (CC)	1					
마음속에 생성된 질문(HQ)	.324 (**)	1				
금지와 주저함 (IH)	.286 (**)	.428 (**)	1			
실제 질문행동 (AQ)	-.200 (**)	.044	-.498 (**)	1		
교수자 지지 (PTSQ)	-.172 (*)	-.132	-.357 (**)	.342 (**)	1	
환경적 지지 (PESQ)	-.261 (**)	-.159 (*)	-.385 (**)	.249 (**)	.535 (**)	1

* p〈.05, ** p〈.01, *** p〈.001

학습자의 인지적 갈등(CC)은 학습자의 마음속에 생성된 질문(HQ)과 질문에 대한 금지와 주저함(IH) 간에는 유의수준 p<.01에서 정적상관이 나타났다. 그리고 마음속에 생성된 질문(HQ)은 학습자 질문에 영향을 미치는 환경적 지지(PESQ)와 유의수준 p<.05에서 부적상관을 보였다. 다음으로 학습자가 질문에 대한 금지와 주저함(IH)은 학습자 질문에 영향을 미치는 교수자 지지(PTSQ)와 학습자 질문에 영향을 미치는 환경적 지지(PESQ) 간에 유의수준 p<.01에서 부적상관을 나타냈다. 또 학습자가 질문에 대한 금지와 주저함(IH)은 학습자의 실제 질문행동(AQ) 간에 유의수준 p<.01에서 부적상관을 보였다. 학습자의 실제 질문행동(AQ)은 학습자 질문에 영향을 미치는 교수자 지지(PTSQ), 학습자 질문에 영향을 미치는 환경적 지지(PESQ)간에 유의수준 p<.01에

서 정적상관이 나타났다.

3.4.2. 학습자 질문행동 구조모형 검증

본 연구에서는 대학의 교수-학습 상황에서 학습자들은 질문행동은 네 가지 단계를 통해 이루어질 것이라 가정하였다. 학습자의 인지적 갈등은 마음속에 생성된 질문을 생성하고 이러한 마음속에 생성된 질문은 교수자 지지와 환경적 지지에 영향을 받는 금지와 주저함에 따라 학습자의 실제 질문행동에 영향을 준다는 것을 실증적으로 분석하고자 한다.

구조방정식 모형(Structural Equation Modeling: SEM)검증을 실시하기에 앞서 각 변인들의 정상분포조건이 충족되어 있는지를 확인하였다. 만약 구조방정식 모형에서는 각 변의들의 정상분포조건이 충족되지 않을 경우 왜곡된 결과가 도출될 수 있기 때문이다. 각 변인에 대한 구조방정식 모형에서의 정상분포조건(−2 < 왜도(편포도) < 2, −4 < 첨도 < 4)을 만족시키는지를 탐색한 결과(Hong, Malik, & Lee, 2003), 본 연구에서 사용한 변인들의 왜도와 첨도는 구조방정식 모형을 적용하는 데 필요한 정상분포조건을 충족시키고 있었다. 각 변인들 간의 정상분포조건이 가정이 충족됨에 따라, 연구자는 학습자의 인지적 갈등은 마음속에 생성된 질문을 생성하고 이러한 마음속에 생성된 질문은 질문에 대한 교수자 지지와 환경적 지지에 영향을 받는 금지와 주저함에 따라 학습자의 실제 질문행동에 영향을 준다는 가설을 바탕으로 실증적인 구조 모형을 분석하였다. 학습자의 인지적 갈등(CC)과 마음속에 생성된 질문(HQ), 실제 질문행동(AQ), 금지와 주저함(IH), 질문에 대한 교수자 지지(PTSQ), 질문에 대한 환경적 지지(PESQ)의 변인

을 간의 정상분포조건 결과와 구조모형 분석 결과는 다음 <표 3-13>, [그림 3-1]과 같다.

표 3-13 각 변인들의 평균, 표준편차, 편포도와 첨도

잠재변인	측정변인	평균	표준편차	왜도 (편포도)	첨도
인지적 갈등 (CC)	갈등1	2.910	1.099	-.072	-.847
	갈등2	2.935	1.107	-.116	-.807
마음속에 내재된 질문(HQ)	내재1	2.889	.949	-.060	-.932
	내재2	2.950	.906	.227	-.569
금지와 주저함 (IH)	금지1	3.296	.955	-.417	-.390
	금지2	3.335	.998	-.377	-.528
실제 질문행동 (AQ)	실제1	2.660	1.024	.184	-.651
	실제2	2.240	.978	.608	-.310
교수자 지지 (PTSQ)	교수1	3.335	.690	-.490	.394
	교수2	3.625	.671	-.385	.396
환경적 지지 (PESQ)	환경1	3.294	.805	-.345	-.103
	환경2	3.304	.748	-.159	-.356

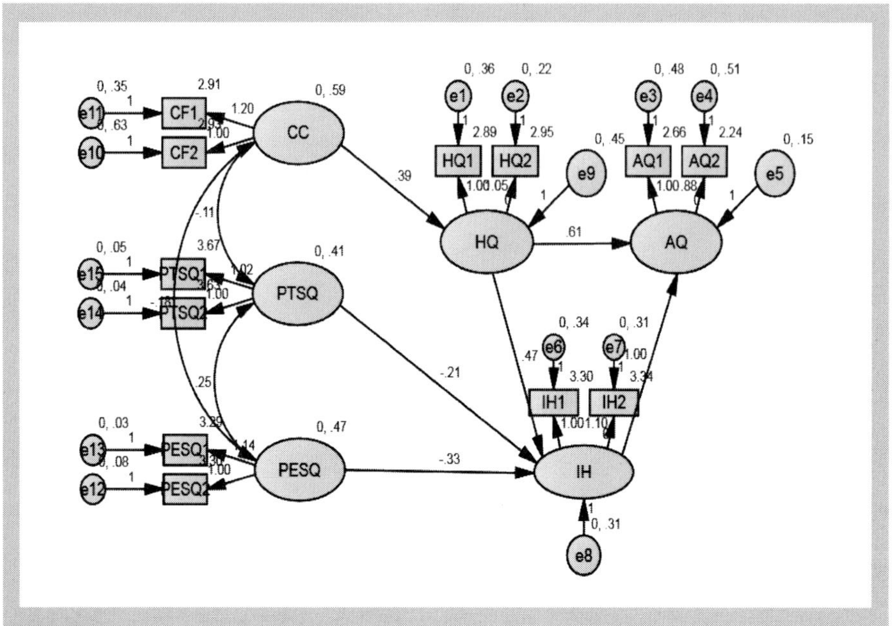

그림 3-1 본 연구의 최종 구조모형 결과

우선 연구모형을 통해 추정된 경로계수를 살펴보기에 앞서, 연구모형의 적합도를 분석하였다. 그 결과 다음 <표 3-14>와 같다. χ^2검증값은 $p = .238 > \alpha = 0.05$ 수준에서 51.369로 이 연구 모형이 적합하다는 것을 지지하였으며, TLI[4] = .993, CFI = .995, RMSEA[5] = .027로 나타나 절대적 적합지수와 상대적 적합지수를 통하여 살펴본 본 연구 모형은 좋은 모형임이 검증되었다.

---

4) TLI와 CFI의 경우 1부터 0의 연속체에 따라 다르게 나타나며, 그 값이 .90 이상이면 좋은 적합도라고 할 수 있다(Bentler, 1990; Tucker & Lewis, 1973).

5) Browne & Cudeck(1993)에 따르면 RMSEA 값은 .05 이하면 좋은 적합도 .05에서 .08 사이면 괜찮은 적합도이며, .10 이상이면 부적절한 적합도이다.

표 3-14 연구모형의 적합도

	χ^2	df	P	TLI	CFI	RMSEA
모형	51.369	45	.238	.993	.995	.027

3.4.3. 학습자 질문행동 구조 모형 변인들의 경로계수

다음으로 연구 모형의 적합도가 검증되었기에, 연구 모형을 통해 추정된 경로계수를 다음 <표 3-15>에 제시하였다. 우선, 대학 교수-학습 상황에서 학습자의 인지적 갈등(CC)은 학습자 마음속에 생성된 질문(HQ)에 긍정적인 영향을 주었으며($p < .001$), 이러한 학습자 마음속에 생성된 질문(HQ)은 학습자의 실제 질문행동(AQ)과 질문에 대한 금지와 주저함(IH)에 긍정적인 영향을 미쳤다($p < .001$). 다음으로 질문에 대한 교수자 지지(PTSQ)와 환경적 지지(PESQ)는 학습자의 질문에 대한 금지와 주저함(IH)에 부정적인 영향을 주었다($p < .001$, $p < .05$). 마지막으로 학습자의 질문에 대한 금지와 주저함(IH)은 실제 질문행동(AQ)에 부정적인 영향을 미쳤다($p<.001$).

표 3-15 연구모형의 모수 추정치

구조			비표준화 계수	표준화 계수	표준편차	t
인지적 갈등	→	마음속에 생성된 질문	.388	.407	.092	4.238***
마음속에 생성된 질문	→	실제 질문행동	.610	.597	.120	5.076***
마음속에 생성된 질문	→	금지와 주저함	.473	.463	.085	5.594***

구조			비표준화 계수	표준화 계수	표준편차	t
환경적 지지	→	금지와 주저함	-.333	-.305	.088	-3.770***
교수자 지지	→	금지와 주저함	-.206	-.176	.093	-2.213*
금지와 주저함	→	실제 질문행동	-.997	-.997	.134	-7.420***

* $p<.05$, *** $p<.001$

3.4.4. 학습자 질문행동 구조모형 변인들의 효과 분석과 매개 모형 검증

대학 교수-학습 상황에서 학습자는 인지적 갈등(CC)으로 자신의 마음속에 생성된 질문(HQ)이 있음에도 불구하고, 학습자의 질문에 대한 금지와 주저함(IH)에 따라 실제 질문행동(AQ)에 영향을 주는 직접효과, 간접효과, 총효과를 분석하였다. 그 결과는 다음 <표 3-16>과 같다.

표 3-16 학습자 질문행동 구조 모형 변인들의 직접효과, 간접효과 및 총효과

구조			직접효과	간접효과	총효과
인지적 갈등	→	마음속에 생성된 질문	.407		.407
마음속에 생성된 질문	→	실제 질문행동	.597	-.462	.135
마음속에 생성된 질문	→	금지와 주저함	.463		.463
환경적 지지	→	금지와 주저함	-.305		-.305
교수자 지지	→	금지와 주저함	-.176		-.176
금지와 주저함	→	실제 질문행동	-.997		-.997

우선 매개효과를 검증하기 위해서 Amos 18.0 프로그램을 이용하여 부트스트랩 절차에 따라 간접효과를 검증하였다. Mackinnon, Krull, &

Lockwood(2000)는 간접효과를 검증하는 기존의 14가지 방법을 1종 오류와 통계적 검증력의 관점에서 평가하였는데, 가장 많이 사용되는 Baron & Kenny(1986)의 방법이 약한 통계적 검증력을 지니고 있어 Sobel(1982)의 절차를 추천하였다. 그러나 Sobel 절차의 경우에도, 간접효과의 유의도를 검증할 때, 표준오차의 문제가 제기될 수 있어, 본 연구에서는 Shrout와 Bolger(2002)가 표준오차의 문제를 해결하는 방법으로 제안한 부트스트랩 절차를 활용하였다. 부트스트랩 절차는 통계적 추정치의 유의도를 결정함에 있어서 경험적인 방법을 제공하는 절차인데, 본 연구에서는 Shrout와 Bolger(2002)의 제안에 따라 1,000개의 표본을 원자료(N = 200)로부터 생성하여 신뢰구간 95%에서 간접효과의 유의도를 검증하였다. 즉, 간접효과의 신뢰구간이 0을 포함하지 않을 경우 $p = .05$ 수준에서 유의한 것으로 판단하였다. 학습자 마음속에 생성된 질문(HQ)과 실제 질문행동(AQ) 간에 직접효과의 경로계수는 .597($p = .004 < \alpha = .01$)로 나타났고, 학습자의 질문에 대한 금지와 주저함(IH)의 간접효과의 경로계수가 −.462($p = .002 < \alpha = .01$)로 나타났다. 직접효과에서 간접효과를 제외한 총효과의 경로계수는 .135로 나타났다.

3.4.5. 억제효과 검증

학습자 마음속에 생성된 질문(HQ)이 학습자의 실제 질문행동(AQ)에 영향을 미칠 때, 학습자의 질문에 대한 금지와 주저함(IH)에서 부분매개모형(partial mediation model)의 간접효과가 발생하였다. 그러나 질문에 대한 금지와 주저함(IH)의 매개변인은 직접효과와 간접효과에 대한 경로계수의 방향이 다르게 나타났다. 이렇게 독립변수가 종속변수에 미치는 직접효과와 간접효과가 정반대의 부호를 지닐 경우 억제효과(suppression effect)[6]가 존재한다(Mackinnon et al., 2000; Tzelgov & Henik, 1991). 따라서 본 연구에서는 두 가지 방식으로 억제효과를 확인하였다.

첫째, 변수 간 상관이 없음에도 불구하고 매개 모형 검증 시 관계가 유의하게 나타나거나 또는 관계의 방향이 정반대로 나타날 때 억제효과가 있다고 판단할 수 있다(Cohen, Cohen, Aiken, & West, 2002). 이를 확인하기 위해 측정 모형 검증 시 확인된 독립변수(마음속에 생성된 질문, HA)와 종속변수(실제 질문행동, AQ) 간에 상관계수와 매개 모형 검증에서 나타난 직접 경로계수들을 비교하였다. 이에 대한 상관계수와 직접경로계수는 다음과 같다. $r = .044$ $p > .05$, $\beta = .61(P < .001)$. 즉, 상관이 없음에도 불구하고 매개 모형 검증시 관계가 유의하게 나타났다. 이는 마음속에 생성된 질문(HA)이 실제 질문행동(AQ)에 영향을 미치는 과정에서 금지와 주저함(IH)이 억제효과를 지니고 있다는 결과를 지지하였다.

다음으로 금지와 주저함(IH)라는 억제효과를 확인하기 위해 MacKinnon et al.(2000)이 제안한 절차를 따랐다. 일반적으로 독립변수와 종속변수 사이에 매개변수를 설정하면 매개변수가 독립변수와 종속변수의 관계를 일부분 또는 전부를 설명하기 때문에, 결과적으로 독립변수와 종속변수의 상관의 크기는 줄어든다. 그러나 독립변수와 종속변수 사이에 제 3의 변수를 투입했을 때 독립변수와 종속변수 간 절

6) 억제효과 : 특정 변수가 회귀방정식에 투입됨으로써 또 다른 변수 혹은 변수들(set of variables)의 예측 타당도(predictive validity)가 증가되는 경우, 그 특정 변수를 억제변수(suppressor variable)라 부른다(Conger, 1974). 즉, 제 3의 변수(억제변수)를 투입했을 때 독립변수와 종속변수 간 관계의 크기가 더 커진다면, 이는 억제효과가 존재한다고 가정할 수 있다(Mackinnon et al., 2000).

대 상관이 오히려 커질 수 있는 데, 이 경우 억제효과가 있음을 시사한다(MacKinnon et al., 2000). 따라서 금지와 주저함(IH)의 억제효과를 검증하기 위하여 금지와 주저함(IH)의 매개변수를 투입하기 전과 후에 마음속에 생성된 질문(HA) 변수의 직접효과가 증가하는지를 확인하였으며 그 결과는 다음 <표 3-17>, [그림 3-2], [그림 3-3]과 같다. 마음속에 생성된 질문(HA)이 실제 질문행동(AQ)에 영향을 미치고 있을 때, 금지와 주저함(IH)의 매개변수를 투입한 이후에 직접효과의 크기가 커진 것으로 나타났는데, 이는 대학 교수-학습 상황에서 질문에 대한 금지와 주저함(IH)의 변수가 억제효과를 지니고 있음을 지지하였다.

표 3-17 금지와 주저함 변수의 억제효과 검증

구조	금지와 주저함 변수 투입 전	금지와 주저함 변수 투입 후
마음속에 생성된 질문 → 실제 질문행동	.044	.597 ***

*** p<.001

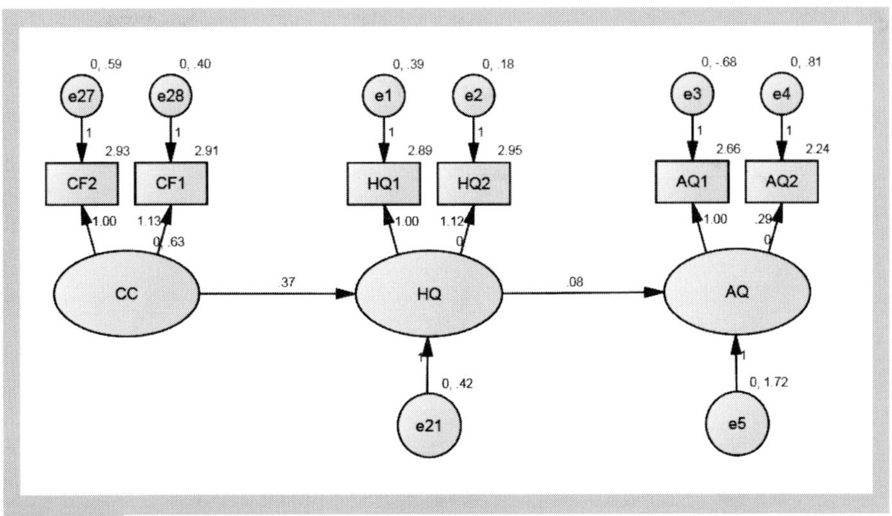

그림 3-2 금지와 주저함을 제외한 구조 모형

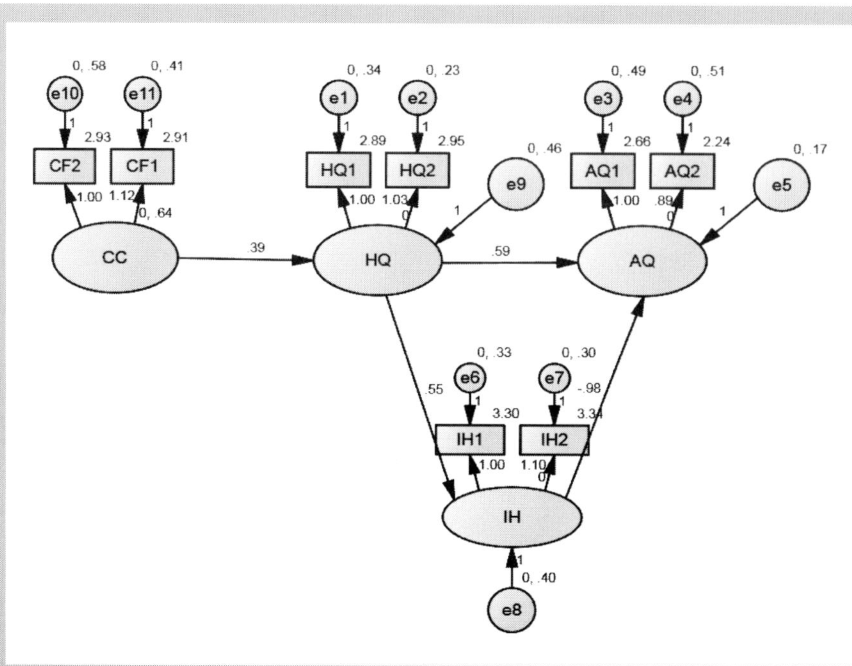

그림 3-3 금지와 주저함을 포함한 구조 모형

3.5. 학습자가 경험한 학습자 질문행동 저해 요소

대학 교수-학습 상황에서 학습자 질문행동은 마음속에 생성된 질문이 있음에도 불구하고, 질문에 대한 교수자 지지와 환경적 지지가 교수자에게 실제로 질문하는 데 큰 영향을 미치고 있었다. 이에 따라, 학습자들이 경험한 학습자 질문행동을 저해하는 요인들을 이해하고 규명하기 위하여, 수업 참여관찰과 학습자 심층면담을 분석한 결과 크게 질문의 의미와 학습자 역할에 대한 이해, 질문에 대한 교수자 지지에 대한 이해, 질문에 대한 환경적 지지에 대한 이해로 나타났다. 구체적인 내용 다음의 표 <표 3-18>와 같다.

표 3-18 학습자가 경험한 학습자 질문행동 저해 요인

구분	세부내용
학습자 역할과 질문의 의미에 관련된 이해	(1) 대학 수업에서 학습자 역할: 착한 학습자 되기 (2) 대학 수업에서 질문의 의미: 동료들이 모르고 인정하는 물음
질문에 대한 교수자 지지에 관련된 이해	(1) 긍정적인 태도와 행동 (2) 질문시간과 질문기회 제공 (3) 감정적 피드백 행동 (4) 정보적 피드백 행동
질문에 대한 환경적 지지에 관련된 이해	(1) 교수자에 대한 어려움과 두려움: 가까이 다가가기 어려운 교수님 (2) 질문에 대한 동료학습자의 반응: 따가운 시선과 부정적 태도 (3) 수강인원 수에 따른 학습자 반응: 공개적인 인정과 망신 사이 (4) 질문하는 수업분위기

3.5.1. 학습자 역할과 질문의 의미에 관련된 이해

3.5.1.1. 대학 수업에서 학습자의 역할: 착한 학습자 되기

대학 교수-학습 상황에서 학습자들은 전반적으로 자신의 위치에 대하여 소극적인 관점을 취하고 있다. 대학 수업에서 학습자들은 교수자의 말에 복종해야 하며, 수업을 방해해서는 안 되고, 교수자가 시키는 대로 따라가는 수동적인 태도가 바람직한 학습자의 역할이라고 생각하고 있었다. 즉, 학습자는 교수자의 수업을 방해하는 적극적인 행동보다는 교수자가 수업을 원활히 할 수 있도록 소극적인 행동으로 따라가야 하며, 자신이 교수자에게 질문을 하기보다는 교수자의 질문에

열심히 대답하고, 수업시간에 스스로 이야기를 하기보다는 교수자의 말을 잘 듣고, 잘 필기하는 순종적인 자세를 가져야 한다는 것이었다. 학습자는 교수자가 무엇을 이야기 할지에 대해 기다리며, 이를 받아 적고, 교수자가 하는 말에 고개를 끄덕이며, 교수자가 물어보는 말에 대해서만 응답을 하는 경향을 나타냈다. 또 교수자가 질문에 대해 학습자가 응답을 하고 있는 중에도 교수자가 이야기를 하게 되면, 학습자는 자연스럽게 교수자에게 이야기의 주도권을 넘겨주며, 교수자의 수업을 방해하지 않으려고 하였다.

"수업에서 학습자들은 교수님께서 모든 걸 가르쳐주시기 때문에 그대로 따라가야 합니다. 학습자들은 선생님이 말씀하시는 걸 잘 받아 적고, 앞자리에 앉고 선생님이 질문을 던지면 잘 대답하고 열심히 하고……. 또 교수님들은 학습자들이 수업시간에 나서는 것을 좋아하지 않는 것 같아요. **그래서 그냥 순종하는 자세로 수업에 임합니다.**"

"**수업에서 학습자들은 착한 학습자가 되어야 해요.** 착한 학습자란, 수업에 집중하고, 수업을 잘 듣고, 떠들지 않고, 무엇보다도 교수님이 수업하시는 데 방해가 되지 않도록 조용히 있는 것이에요."

"교수님이 수업하시면 우선 내가 먼저 이야기를 하기보다는 초롱초롱 교수님 이야기를 가만히 듣고, 쳐다보고 있어야 해요. 만약 무엇인가를 시키신다면 그때 맞추어서 질문을 해야죠. **그게 학습자의 예의이고 역할 같아요.**"

3.5.1.2. 대학 수업에서 질문의 의미: 동료들이 모르고 인정하는 물음

대학 교수-학습 상황에서 학습자들이 수업시간에 교수자에게 제기하는 질문행동은 거의 나타나지 않았지만, 수업 중 친구들 간에 질문을 주고받는 행동과 수업이 끝나고 교수자에게 질문을 들고 달려가는 학습자의 모습은 가끔씩 발견되었다. 수업시간에서 학습자들이 생각하는 질문의 의미는 크게 두 가지로 나타났다. 하나는 나만 모르는 것이며, 다른 하나는 내가 아닌 우리가 모르는 것이다. 즉, 사적이며, 수업내용과 관련이 적고, 아주 쉽고, 별로 중요하지 않으며, 나만 모를 수 있는 질문은 수업시간 중에 교수자에게 물어보아서는 안 되며, 혼자 해결하거나 수업시간 외에 따로 교수자에게 물어보아야 한다. 그러나 반대로 공적이며, 수업내용과 밀접한 관련이 있어야 하며, 아주 어렵고, 중요하며, 모두가 모를 수 있는 질문은 수업시간 중에 교수자에게 물어봐도 좋다는 것이었다. 이러한 교실 내의 보이지 않는 규칙은 나의 질문뿐만이 아니라 동료학습자의 질문에도 적용되며, 이를 어길 시 에는 서로에게 피해를 주는 행동으로 생각하고 있었다.

"**모두 다 궁금할 수 있는 것들 있잖아요.** 그런 건 수업시간에 질문을 하게 되고 개인적으로 내가 잘못 들었거나 내가 이해를 잘 못한 것 같거나 이런 거는 개인적으로 찾아가서 질문하게 돼요. 다른 친구들 시간 뺏는 것도 싫고, 만약 쉬운 것이라고 판명되면 이에 대한 타자의 시선도 걱정되고요."

"이 수업에서 궁금한 게 있긴 했지만, 사소한 거 같아서 혼자 인터넷이랑 책을 통해서 해결했어요. 굳이 **수업시간에 교수님께 물어볼 정도의 대단한 질문**이 아니었거든요. 만약 오늘 남학생이 한 질문을 제가 가졌다면 했을 것 같아요. 어느 누구도 책이 잘못된 걸 지적하지 못했잖아요. 심지어 교수님도 모르셨잖아요."

"수업내용과 관련하여 제가 궁금한 질문을 하면요, 아 그래 이거야. 이러면서 잘 듣게 되는 데, 수업내용과 관련해도 핀트가 어긋나거나, **별로 중요하지 않은 걸 물어보면, 왜 저런 질문을 할까 이런 생각을 해요.** 특히 다 이해했는데 혼자 이해를 못했으면 좀 따로 질문을 따로 했으면 좋겠다는 생각이 들어요."

"법학과 관련된 교양 수업을 들었는데, 거기 법학 전공자가 많았어요. 내가 질문하면 남이 웃을까봐 두렵고 해서 못 물어보겠더라고요. 그 사람들한테는 제가 한 질문이 당연할 것 아니에요? 그래서 어느 정도 **남들한테 인정을 적당히 받을 수 있는 질문을 해야 덜 미안할 것 같아요.**"

이러한 질문에 대한 보이지 않는 규칙은 교실 내의 모든 구성원에게 해당되는 데, 이러한 규칙이 어겨졌을 경우, 동료학습자들은 질문을 한 학습자에게 이에 대하여 응징을 하였다. 다시 말해서 구성원들에게 피해를 주는 질문, 즉 수업 중에 누구나 알 수 있는 쉬운 개념의 이해와 관련된 질문을 하였을 때, 동료학습자들은 질문에 대한 답변을 함께 듣기 보다는 질문을 한 학습자에게 눈치를 주거나, 관심 없다는 듯이 다른 행동을 하거나, 친구와 잡담을 함으로써 이에 대한 불만을 표출하는 것으로 나타났다. 심지어는 질문을 한 학습자에게 직접적으로 불만을 표출하는 경우도 있었다. 그러나 이러한 규칙에 해당하는 질문, 즉 수업 중에 내가 모르거나, 모두가 모를 수 있는 내용에 대한 질문을 하였을 때에는 동료학습자들이 이를 긍정적으로 받아들이고 있는 것으로 나타났다.

"수업내용과 관련되어 있고 제가 잘 모르는 질문이면 고맙지만, 사적이고, 수업내용과 관련도 없고, **제가 아는 내용이면 짜증납니다.** 그 아이로 인해 수업이 늦게 끝날 수도 있고, 수업이 늘어질 수도 있으니까요. 그래서 이런 거는 그냥 제 일하면서 좀 흘려듣거나 친구와 잡담하는 편이에요."

"친구한테 이메일을 받았어요. 그 내용은 다른 사람들은 다 알고 있는 데, **본인만 모르는 내용을 너무 자주 질문을 하니 이를 자제해 달라고 했어요**……. 그런데 저도 모르는거 알려고 질문하는 건데요……. 이젠 안하려고 해요."

"딱 들어봤는데 제가 아는 내용이거나 어 좀 시덥지 않은 질문이에요. 그런건 솔직히 끝나고 나서 하지 그런 생각이 들어요. 그런 질문은 굳이 들을 필요도 없구요. 시간이 뺏기는 듯한 느낌도 들어요. 특히 보통 수업끝나기 5분전 쯤 질문을 많이 받으시는 데, **쓸데없는 질문으로 수업이 늦게 끝나니까 짜증나기도 하고요. 하**

지만, 내가 모르는 질문인 경우에는 참 좋은거 대박이죠. 고맙기도 하고. 내가 생각하지 못했던 건데 새로운 걸 알게 된 거잖아요."

"이걸 질문할까 말까 고민하는 데 주변 친구가 하라고 했지만 전 안했거든요. 근데 나중에 뒤에서 듣기로는 '이런거 가지고 질문을 하려고 그랬다면서?'라는 말을 들었어요. **중요하지도 않은데 질문을 한다구요.** 근데 그 당시에……. 좀 그렇더라구요."

3.5.2. 질문에 대한 교수자 지지에 관련된 이해

3.5.2.1. 긍정적인 태도와 행동

대학 교수-학습 상황에서 교수자가 학습자 질문에 대하여 취하고 있는 태도와 행동은 학습자들의 질문행동에 영향을 끼치는 것으로 나타났다. 우선, 교수자가 학습자 질문에 대하여 긍정적인 태도와 행동을 취한 경우, 학습자들은 수업시간에 교수자에게 자유롭고 편안하게 질문을 하였던 반면, 교수자가 학습자 질문에 대하여 부정적인 태도와 행동을 취한 경우, 학습자들은 수업시간에 교수자에게 질문을 하지 않는 것으로 나타났다. 특히 교수자가 학습자 질문에 대하여 무관심한 태도와 행동을 보일 경우에, 학습자들은 교수자에게 나타날 두려운 반응으로 인하여 질문을 안 하는 것으로 나타났다.

"학기 초부터 수업시간 시작마다 **'언제든 질문하세요.'라는 말씀을 해주셔서 질문을 해도 괜찮은가 생각**하고 학생들이 정해진 시간 없이 손들고 아무 때나 했어요. 다른 애들도 하니까요. 근데 OOO 교수님 수업은 그런 말씀도 없고, 다른 학생들도 아무도 안하니까 못하겠더라고요."

"OOO 교수님처럼 '질문해 얘들아~' 이렇게만 해도 '아 그럼 질문해볼까?' 이런 마음이 들긴 하는 데, 아예 질문에 대해 노코멘트 하시면 학생들이 질문하는 거에 대하여 어떻게 생각하시는지 아예 모르니까. **솔직히 이런말 안하시면 학생들 질문을 부정적으로 생각하실 확률이 높잖아요.**"

"OOO 교수님은 다른 OOO 교수님과 수업스타일은 강의식으로 상당히 비슷해요. 수강인원 수도 비슷하구요. 근데 수업에서 나타나는 학습자 질문은 확실히 달라요. OOO 교수님은 수업시간마다 '질문을 많이 해라~'는 말씀도 많이 해주셨고, 질문도 흔쾌히 받아주시고 그러세요. OOO 교수님은 이런 것을 전혀 해주신 적이 없으세요. **솔직히 학생들은 수업시간에 질문하는 것에 대해 교수님이 짜증나실까봐 걱정**도 하거든요."

"000 교수님은 제가 궁금하고 알아야 하니까 질문을 해도 이따 설명을 해 줄게 하면서 제 질문을 끊어 버리세요. 또 진도위주의 설명을 급하게 막 하세요……. 교수님이 '다 알겠지?'라고 물어보셨는데 '네'라는 대답이 안 나오면 목소리 톤이 기분이 나쁘시다는 것으로 표현하시고, 굉장히 쫌 갑갑해 하세요. 이런 분들에게는 **질문을 하면 안 된다는 것이 느껴져요.**

3.5.2.2. 질문시간과 질문기회 제공

대학 교수-학습 상황에서 학습자들은 교수자가 질문시간 혹은 질문기회를 제공해 주느냐에 따라 수업에서 질문을 해야 할지 혹은 말아야 할지를 암묵적으로 결정하고 있었다. 학습자들은 수업시간에 대한 지배권은 교수자가 전적으로 갖고 있는 것으로 믿고 있어, 이 수업의 주체자가 아닌 학습자는 교수자가 학습자 질문을 어떻게 생각하고 있는지에 대하여 먼저 살피고 있는 것으로 나타났다. 교수자가 수업 중에 학습자에게 질문시간 혹은 질문기회를 제공한다면, 학습자는 교수자가 질문에 대하여 긍정적으로 생각하고 있다고 판단하고, 질문을 교수자에 던지지만, 교수자가 학습자들에게 질문시간 혹은 질문기회를 제공하지 않은 경우에는 교수자가 학습자 질문을 부정적으로 생각할 수 있고, 수업에 방해가 될 수 있다는 것으로 판단하고, 이에 따른 교수자에게서 나타날 부정적인 반응에 대한 두려움으로 질문을 하지 않는 것으로 나타났다.

"**교수님이 항상 질문 있냐고 꼭 물어봐 주시면, 질문하는 거에 대해서 긍정적**으로 생각하신다고 학생들이 받아들이잖아요. 그러니까 더더욱 질문할 때 내가 움츠러들지 않고 할 수 있는 데, 거기에 대해서 노코멘트 하시는 분들은 아무래도 모른다고 해도 혹시라도 부정적으로 반응하실 걸에 대한 두려움이 있잖아요? 그러니까 그런 거 때문에 더 그러는 거 같아요."

"OOO 교수님은 그 부분에 대해서 노터치 하셨잖아요. 원래 그러니까 우리가 잘 안 할 것 같은 분위기인데, 말씀도 안 하시니까 진짜 안 하는 건데, OOO 교수님은 의외로 **'얘들아 질문 해' 이렇게 적극적으로 시간을 내주시면서 말씀**하시잖아요. 그러니까 용기내서 하는 거 같아요."

"OOO 교수님은 주기적으로 질문을 받는 스타일이거든요. 근데 OOO 교수님은 **따로 질문 받는 시간을 안주시고** 일단 처음부터 그렇게 수업을 나갔기 때문에 그런거에 있어서 전체적으로 질문하는 학생도 적고요. 시간이 없고요."

"**질문을 할 시간을 주신다면 교수님이 먼저 허용**을 해 주시는 거잖아요. 근데, 아예 제가 **말할 틈이 없는 것 같아요**. 즉, 기회가 없어요. 끼어들 자리가 없어요. 심지어는 끝나고도 안주시더라고요. 이러한 교수님의 행동은 학생들이 수업시간에 말하는 걸 별로 안 좋아하신다는 거 아닌가요?"

학습자들은 교수자들로부터 질문할 수 있는 기회나 시간을 제공받더라도, 교수자가 언제, 어떻게 기회를 제공하느냐에 따라 학습자들의 질문행동은 영향을 받았다. 학습자들은 교수자들로부터 수업 종료 후에 질문시간 혹은 질문기회를 제공받는 것보다는 수업 도입부 혹은 수업 중간마다 질문시간 혹은 질문기회를 제공받기를 원하는 것으로 나타났다. 특히 교수-학습 상황에서 학습자들은 교수자와 동료학습자의 영향을 많이 받고 있는 데, 교수자가 수업을 마치고 질문기회나 질문시간을 제공하는 경우, 학습자들은 교수자가 실제로는 질문을 받기를 원하지 않을 것이라 생각하고 있으며, 수업이 빨리 끝나기를 바라는 암묵적인 분위기가 동료학습자들 간에 형성되어 있어, 학습자들은 교수자에게 질문을 하는 것을 부담스러워 하고 있는 것으로 나타났다.

"수업이 끝나고 그 자리에서 질문을 하게 하면 정리할 시간이 없어서 잘 모르잖아요. 솔직히 다른 학생들의 눈치도 보게 되구요. 차라리 내용을 스스로가 정리한 다음 **수업 초반부에 질문시간을 준다면, 친구들 눈치도 안보고**, 좀 더 좋은 질문으로 많은 질문을 할 거 같아요."

"한 챕터 끝나 때마다 '질문이 있으면 하세요.'하는 분하고, 끝나고 나서 하시는 분하고... **근데 교수님이 수업 중간 중간에 물어보시면 질문을 하기가 더 쉬울 거 같아요.** 그 단원에서 딱 궁금한 점을 바로 할 수 있잖아요."

"어떤 교수님은 수업이 다 끝나고 형식적으로 질문이 있냐고 물어보시는 분도 계세요. 이러면 아이들의 시선과 눈치도 문제이지만, 더 큰 문제는 제가 이 **교수님은 개인적으로 질문을 받는 걸 별로 좋아하지 않는 분**이시구나라는 걸 표정과 말, 그리고 행동에서 느끼게 되요. 근데 문제는 이걸 한 번 보게 되면 질문이 있어도 안하게 됩니다."

"교수님이 '수업 끝나고 질문 없는가.' 이러면 누구든지 질문하면 안 된다는 암묵적인 분위기가 생기는 거잖아요. 근데 '질문 안 해도 너네 십분 뒤에 30분에 끝날 거니까, 그 10분 동안 질문하던지 개인공부 하던지.' 하면 누구든지 질문을 하게 되잖아요. 그러니까 그런 영향 엄청 큰 거 같아요."

3.5.2.3. 감정적 피드백 행동

대학 교수-학습 상황에서 학습자 질문에 대한 교수자의 감정적 피드백 행동은 학습자 질문행동에 영향을 끼치는 것으로 나타났다. 수업

상황에서 학습자 질문에 대한 교수자의 긍정적인 감정적 피드백은 학습자들의 질문행동에 긍정적인 영향을 주는 것으로 나타났다. 그러나 학습자 질문에 대한 교수자의 부정적인 감정적 피드백은 학습자들의 질문행동에 부정적인 영향을 주는 데, 이러한 부정적 경험을 한 학습자들은 수업시간에 질문이 있음에도, 혼자서 질문을 해결하는 것으로 나타났다. 이러한 학습자 질문에 대한 교수자의 부정적인 반응은 교수자에게 질문한 학습자뿐만 아니라, 함께 수업을 듣는 동료학습자에게도 영향을 줌으로써, 전체적으로 교수-학습 상황에서 학습자들의 질문이 감소하는 것으로 나타났다.

"수업시간에 질문을 했을 때 굉장히 호의적으로 반응을 하세요. '어 그래 질문 좋다. 뭐가 궁금해?' 오늘 수업 끝나고서도 '오늘 질문 좋았어~!' 이렇게 **굉장히 호의적으로 반응해 주시면 더 질문할 수 있게 되요**. 이렇게 굉장히 호의적으로 해주시는 교수님들은 '아 교수님 스스로가 그게 정말 좋은 학습 분위기라고 생각을 하시는구나.'라는 신뢰가 있으니까 거침없이 그렇게 할 수가 있어요."

"저는 궁금하면 질문을 잘 하거든요. 성격상 주변 친구들은 크게 신경쓰지는 않을려고 합니다. OOO 교수님 시간에 **제가 질문을 한 번 했었는데, 교수님께서 '내가 수업을 했는데 이런 것도 이해 못하냐'는 식으로 말씀하셔서 그 뒤로는 질문을 혼자 해결하려고 해요.** 친구들도 교수님께 질문을 하는 걸 자제하라고 저한테 조언을 해주더라구요."

"수업시간에 질문하는 걸 교수님이 별로 안 좋아하시는 거 같아서, 뒤에서(수업 끝나고) **질문을 했는데도 표정이 안 좋으신 분**들이 있긴 하더라구요. 제가 교수님께 질문을 했는데 '이것도 모르세요?'라고 하셔서 제가 굉장히 민망했어요. 그리고나서는 질문을 잘 안게 되더라고요."

"수업시간에 먼저 질문을 잘 하지는 않아요. **교수님들이 주변 동료들의 질문을 어떻게 받아주시는지에 대한 반응을 보고 제가 질문을 해야 할지 말아야 할지를 결정**해요. 즉, 제가 질문을 먼저 해서 알아보는 게 아니고, 남이 질문했을 때, 교수님 반응을 보고 아는거에요."

3.5.2.4. 정보적 피드백 행동

대학 교수-학습 상황에서 학습자 질문에 대한 교수자의 정보적 피드백 행동은 학습자 질문행동에 영향을 끼치는 것으로 나타났다. 수업 상황에서 학습자들은 교수자들로부터 질문에 대한 정보적 피드백을 경험하였는데, 우선 학습자들은 학습자 질문에 대한 교수자들의 답변이 만족스럽지 못한 것으로 나타났다. 이로 인해, 학습자들은 교수자에게 질문을 하기보다는 공부를 잘하는 동료학습자에게 질문을 해결하고 있었다. 다음으로 교수자들은 수업시간 중에 제기되는 학습자 질문에 대한 응답은 비교적 짧고 간단하게 대답하는 반면에, 수업시간 후에 제기되는 학습자 질문에 대한 응답은 비교적 충분하게 학습자들에게 대답해 줌으로써, 학습자들은 수업시간에 질문을 자제하는 것으로 나타났다.

"중고등학교 때는 수업시간 중에도 질문을 하긴 했어요. 그때는 선생님으로부터 만족할 만한 답변을 얻었거든요. 근데 대학에 와서 제가 질문을 하면 **솔직히 대부분 교수님 반응이 별로 만족스럽지 않아요.** 답이 명쾌하지 않더라고요. 질문에 대한 답에 이해가 되었는지도 물어봐 주시지도 않구요."

"근데 제가 원래 끝나고 찾아가서 질문하는거 잘 하거든요? 근데 OOO 교수님은 왠지 **대답을 설렁설렁 쿨하게 해 주실 것 같고. 내가 원하는 대답이 안 나올 거 같아요.** 그리고 항상 일찍 끝내시잖아요. 급히 가셔야 될거 같기도 하구요."

"수업이 끝나고 나서 저는 질문하는 걸 선호해요. 왜냐면 수업 시간에 하다가 '제가 선생님 질문 있어요.'하면, 그게 저만 모르는 걸 수도 있고, **혼자 따로 가서 해야지 제가 궁금한 내용을 더 질문을 해도 그거에 대해서 더 정확한 답변**을 받을 수도 있고 그렇거든요."

"솔직히 교수님들이 **수업시간에는 질문에 대한 답변을 시간에 쫓기셔서 빨리하시**

는 경우가 있는 데, 이해를 못할 때도 있거든요. 근데 또 물어보기도 그렇고. 그래서 수업시간 끝나고 해요. 그때는 좀 천천히 많이 얘기해 주시고, 모르면 한 번 더 물어볼 수도 있자나요."

3.5.3. 질문에 대한 환경적 지지에 관련된 이해

3.5.3.1. 교수자에 대한 어려움과 두려움: 가까이 다가가기 어려운 교수님

대학 교수-학습 상황에서 학습자가 교수자에 대하여 느끼고 있는 어려움과 두려움은 학습자들의 질문행동에 영향을 주는 것으로 나타났다. 학습자들은 현재의 대학 수업 시간과 과거의 중·고등학교 수업 시간을 비교할 때, 현재 대학 수업시간에 질문을 하거나 수업에 참여하는 것에 대하여 두려움을 더 갖고 있었다. 학습자들은 교수자와의 접촉빈도가 상대적으로 잦았던 중·고등학교 시절의 선생님에 대하여 매우 친근하며, 편안한 존재라고 인식하고 있었지만, 교수자와 접촉빈도가 상대적으로 적은 대학에서는 교수자에 대하여 친밀한 존재보다는 어렵고 두려운 존재로 인식하고 있었다.

"고등학교 때는 그래도 조금 했어요. 1년, 365일 매일 봐서 그런지 친근감도 생기고 좀 다가갈 수도 있고 한데 대학 **교수님들은 친해지기도 어렵고 그래요. 그래서 솔직히 무엇인가 말을 한다는 게 부담**스럽습니다."

"선생님과 교수님은 달라요. 교수님이 더 어렵습니다. 선생님의 경우에 거의 매일 12시간씩 봐서 그런지 친근감도 있고, 그런데 **교수님은 잘 봐야 일주일에 2-3시간이라 그런지 친밀도가 좀 떨어지더라요.** 또 교수님이란 말이 선생님이라는 직함보다 어렵게 느껴지구요."

"교수님이 되게 사회적으로 권위가 있으신 분이신데, 내가 질문하러 따로 찾아가면 내가 교수님의 시간을 뺏는 게 아닐까 하는 그런 걱정이 들어요. **질문하면 안**

좋아하실 것 같기도 하고 괜히 교수님께 피해만 드리는 것은 아닐까 하는 생각이 들어요."

"지금은 질문을 잘 하지는 않지만, **고등학교 때에는 선생님과 친하게 지냈으며 질문을 즐겼습니다.** 제가 반장이기도 했고 선생님이 저를 예뻐하고 좋아하시는 것 같기도 했구요."

특히, 교수-학습 상황에서 학습자들은 교수자들과 친밀감을 중요하게 생각하고 있었는데, 학습자들은 교수자들과의 친밀감이 높을수록 교수자에게 질문하거나 수업에 참여하는 것을 보다 편안하게 생각하고 있는 것으로 나타났다. 이러한 친밀감은 학습자들이 교수자들의 연령에 따라 다르게 인식하고 있었는데, 학습자들은 교수자들이 연령이 높을수록 보수적이고 권위적이기 때문에 질문을 하는 것을 꺼려하는 것으로 나타났다.

"교수님이 개인적으로 느끼는 **교수님에 대한 친밀감**이랄까? 교수님의 강의법이나 이런거 떠나서 그냥 교수님이라는 사람 자체에 어느 정도 친밀도를 느끼느냐에 따라서 질문이나 수업참여가 달라지는 거 같아요."

"OOO 교수님은 40대 중후반 남자이신데, 근데 그 분은 제가 질문을 할 수 있을 것 같다는 느낌과 인상을 받았어요. ……약간 권위주의적인 이런 태도가 없고, 학생들에게 친근하고 음……, 신기한건 저희가 분반이 나누어져 있어 반 친구들과 교실은 고정되어 있고 교수님만 바뀌어 가면서 수업을 받는데요. 근데 그 교수님에 따라서 완전히 애들이 달라졌어요. 교수님의 수업에 대한 열정, 그리고 **학생들에 대한 관심과 사랑이 느껴져요. 느껴지니까 호응할 수밖에 없고, 질문을 하게 되더라고요.**"

"두 분 다 어려운 교수님의 이미지시잖아요. **나이도 꽤 있으시고. 아무래도 그런 교수님을 볼 때 권위적인 느낌**을 받고. 그래서 원래 질문을 보통 학생들이 잘 안 해요. 그러니까 젊은 교수님들은 당연히 질문하는 게 당연한 거고 이렇게 하는 데,

뭔가 나이가 많으신 교수님들은 왠지 약간 고지식하실 것 같고. 왜 질문해? 뭐 이러실 것 같아요.

"교수님은 확실히 재미있으시고, 좋습니다. 그러나 연세가 있으셔서 그런지 예의를 굉장히 중요시하게 생각하시는 것 같아요. 또 **연륜과 보수적이신 게 느껴져 다가가기가 어렵습니다.** 그래서 교수님께 쉽게 질문하기가 어렵습니다.

3.5.3.2. 질문에 대한 동료학습자의 반응: 따가운 시선과 부정적 태도

대학 교수-학습 상황에서 학습자 질문에 대한 동료학습자들의 반응은 학습자 질문에 영향을 미치는 것으로 나타났다. 수업상황에서 학습자들은 동료학습자들로부터 잠재적으로 혹은 직접적으로 질문에 대한 부정적 반응을 경험하였는데, 이러한 동료학습자의 부정적 반응은 수업시간에 질문하는 학습자에게 눈빛이나 태도를 보이는 소극적인 태도부터 질문을 한 학습자에게 직접적으로 메일을 보내거나, 제3자끼리 간접적으로 질문을 한 학습자를 비방할 뿐만 아니라, 익명성이 보장되는 대형수업의 경우에서는 직접적으로 질문하는 학습자를 적극적으로 비방함으로써, 학습자들은 수업시간에 질문을 하는 것을 두려워하고 있었다.

"**교수님보다는 다른 학생들이 더 두려워요**. 그래서 우리 반을 보면 수업 끝나고 질문하는 학생들이 많구요. 이는 다른 수업에도 보편적으로도 나타나요. 질문하면 친구들이 뒤에서 웅성되고 또는 이상한 눈빛으로 저를 쳐다볼 때도 있거든요. 이래서 솔직히 별로 하고 싶지도 않아요."

"이걸 질문할까 말까 고민하는 데 주변 친구가 하라고 했지만 전 안했거든요. 근데 나중에 뒤에서 친구들이 **'이런 거 가지고 질문을 하겠다?'라는 얘기를 들었어요. 중요하지도 않은데 질문을 한다구요**. 근데 그 당시에 트랜스지방을 배우고 있었고, 제가 궁금하면 알아야 될 필요성도 있는 데... 애들이 그런 시선이 좀 그렇더라고요."

"사람이 적으면 소규모니까 덜 그런데, **대형 강의에서 질문하면 진짜 그냥 욕하는 소리가 들리는 거 같아요.** 진짜로 막 욕해요. '뭐냐. 짜증나.' 이런 소리 진짜 해요. 일단 소형 강의는 알잖아요. 누가 누군지. 근데, 대형 강의는 모르는 아이인데, 제가 혼자 교수님께 질문하고 있으면 더 쉽게 짜증을 내고 더 쉽게 함부로 말할 수 있고..."

"**수업시간에 질문하면 학생들 눈에서 '쟤는 뭐지?'라는 눈초리가 나와요**. 마치 이상한 사람으로 봐요. 그리고 실제로 대형 강의에는 질문 한 번 잘못하면, '저 사람 뭐냐?'고 욕하는 소리가 들려요."

3.5.3.3. 수강인원 수에 따른 학습자 반응: 공개적인 인정과 망신 사이

대학 교수-학습 상황에서 교실의 수강인원 수는 학습자 질문행동에 영향을 미치는 것으로 나타났다. 학습자들은 교수자에게 질문을 할 때, 교실의 수강인원 수에 대하여 민감하게 반응하고 있었는데, 이는 수강인원 수가 많은 수업에서 학습자가 질문을 하는 행위는 자신의 무지 상태를 많은 사람들에게 공개하는 것이기 때문이다. 이러한 영향으로 학습자들은 교실의 수강인원 수가 많을수록 심리적 부담을 많이 느끼며, 질문을 하는 것을 꺼려하는 것으로 나타났다.

"말 그대로 진짜 소형 강의라면 내가 모르는 거 한 번 더 질문해서 확인할 수 있을 것 같은데, 백 명 넘는 **대형 강의 같은 경우에는 친구들 앞에서 쉽게 손을 들면서 질문하기에는 좀 그래요.**"

"우선 수강인원을 좀 줄였으면 해요.. 한 10명 정도로요. 이 정도면 서로 친밀감이 생길 것 같고, 질문하는 부담이 없을 것 같아요. 솔직히 **교수방법이 무엇이든 상관없이 인원 수만 줄어든다면 심리적 부담감이 줄어들 것 같아요.**"

"내가 더 공부하면 알 것도 같은데 **굳이 사람 많은 수업시간에 물어봐서 창피**하게 '잰 저런 것도 모르는 애'로 보이고 싶지 않았던 심리도 컸던 것 같아요."

"외국 같은 경우에는 정말 자유롭잖아요. 외국은 학생 수도 적고 서로 잘 알고. 그러나 우리나라는 적어도 40명인데 너무 많죠. 40명 다 잘 알지도 못하고, 자유스럽지도 않고, **솔직히 잘 알지도 못하는 애들이 쳐다보는 데 부담스럽잖아요.**"

그러나 수강인원 수가 많다고 하더라도, 개인적으로 학습자들이 자신의 무지를 공개적으로 드러내는 질문이 아니라, 그룹이나 조별활동을 통한 익명성이 보장되는 질문은 심리적으로 덜 위축되는 것으로 나타났다.

"나 혼자 30명이 있을 때 혼자 질문하는 건 두려운데, 여섯 명이 한조로 구성되어 조별 토론으로 하면 6명 중에서 질문하는 거니까 덜 무섭잖아요. 그리고 전체 앞에서 질문을 하더라도 **'이건 우리조의 의견입니다'라고 이야기 한다면 정당성도 있고** 조금 덜 민망한 것 같아요."

또 학습자들은 교실에 친밀한 동료학습자가 많을수록, 심리적 위축감이 상대적으로 줄어드는 경향이 있었다. 이는 학습자가 질문을 하였을 때, 자신과 친밀한 친구들은 친밀하지 않은 동료에 비하여 호의적으로 반응하기 때문인 것으로 나타났다.

"제 경우 국문학과에 친구들이 많아요. 수업에서 친한 친구들이 있으면 자신감이라고 표현하기는 그렇지만 혼자 듣는 것보다는 **심리적 위축이 좀 적은 것 같아요.**"

"영어수업에서 제가 중간에 물어봤다고 했잖아요. 그때는 상대적으로 제가 아는 애들이 많았던 수업이에요. **수업에서 친한 친구가 한두 명 더 있었던 것이 심리적으로 더 유해져서, 질문을 더 할 수 있었던 것 같아요.**"

"저도 딴 수업에서는 질문은 안 하지만, **저희 분반 애들이 많은 수업에서는 수업 시간에 교수님이랑 친하게 지내고 말도 많이 하고** 재밌는 이야기도 해요."

"**친한 친구들로 구성된 반에 있다면 제가 어떤 행동을 하더라도 이해해줄 수 있고 재밌는 말을 하더라도 같이 웃어줄 수 있는 데,** 전혀 모르는 생판 모르는 사람들이랑 있으면, 수업 시간에 질문을 하기에는 좀 뻘쭘하죠. 고등학교 때는 같은 반이면 계속 같은 반이잖아요. 그러니까 제가 어떤 행동을 하든 웃어주고 막 그렇게 되죠."

3.5.3.4. 질문하는 수업분위기

대학 교수-학습 상황에서 교실에 형성되어 있는 수업분위기는 학습자 질문행동에 영향을 끼치는 것으로 나타났다. 수업에서 교수자가 질문에 대한 긍정적인 수업분위기를 형성하면, 학습자들은 이에 동화하여 자연스럽게 질문을 하였다. 학습자들은 교수자의 교수방법보다도 이러한 질문하는 분위기가 본인들이 질문을 하는 데 더 큰 영향을 준다고 하였으며, 이러한 분위기에서는 어떤 질문도 할 수 있고, 경청할 수 있다고 하였다. 이러한 질문에 대한 긍정적인 분위기는 초반에 형성되며, 질문에 대한 긍정적인 수업분위기가 한 번 형성되면, 지속적으로 수업이 종강할 때까지 영향을 미쳤다.

"OOO 교수님은 학생들이 주도적으로 잘 말을 안 하니까 초두에 몇몇 학생들에게 질문을 던지는 데, 이를 계속 해서 확장시키세요. **계속 주고받다 보면 자연스럽게 수업분위기가 질문도 해도 되는 환경**으로 바뀌어요. 그러면 자연스럽게 앞에 앉은 학생들 중심으로 점점 질문 수가 늘어나면서, 수업 후반부로 갈수록 뒤에 앉은 학생들도 가끔씩 하더라고요."

"OOO 교수님은 항상 우리 공동체는 같이 나눠야 한다고 말씀하시면서, **굉장히 서로한테 질문하고 경청하는 것을 강조**하세요. 심지어 어떤 남학생이 배우자의 조건에 대해서 질문할 게 있다는데도, 그냥 다 같이 경청해서 듣는 분위기가 되요. 근데 이때는 수업이랑 상관없는 배우자를 물어봐도 짜증나지는 않더라고요."

"OOO 교수님은 100% 강의식 방식으로 수업을 진행하시는 데, 수업 당 한 10개의 질문은 나오는 것 같아요. **교수님이 거의 초반에 질문하는 분위기를 몰아가세요.** 그러면 그 수업에 단골학생이 있는 데, 초기에 이런 학생들이 교수님께 질문을 하며, 이러한 질문하는 분위기를 형성합니다. 이러한 학생들로 인해 전체적으로 학생들이 질문하는 분위기에 동조되는 것 같아요."

3.6. 종합적 논의

이 연구에서는 대학의 교수-학습 상황에서 이루어지는 학습자들의 질문행동을 분석하고, 학습자 질문행동을 저해하는 요인들을 교수자, 학습자 그리고 환경의 상호 맥락적 관점에서 규명하였다. 따라서 본 연구의 결과를 바탕으로 한 종합적 논의는 다음과 같다.

3.6.1. 대학 교수-학습 상황에서의 학습자 질문행동 실태에 대한 논의

첫째, 대학 교수-학습 상황에서 이루어지는 학습자 질문빈도를 분석한 결과, 학습자들은 거의 질문을 하지 않았다. 우선, 학습자 1인당 교수자에게 던진 질문빈도를 살펴보면, 학습자들은 교수자에게 1학기(14주)[7] 동안 수업시간 중에는 54개, 수업시간 외에는 141개로 총 191회의 질문을 하였다(N=200). 이는 학습자 1인당 1시간 수업상황(50분)에서 수업시간 중에는 0.009개, 수업시간 외에는 0.025개, 총 0.034개의

7) 중간시험과 기말시험을 제외하여 14주로 계산하였음.

질문을 하는 것을 의미한다[8]. 수업 1시간 당 학습자 질문 수를 살펴보면, 연구자가 관찰한 5개 수업에서 총 30개의 학습자 질문이 관찰되었는데, 이는 수업시간 1시간 당 0.5개의 학습자 질문이 이루어진 것을 의미한다[9]. 이러한 결과는 미국의 교실에서 학습자가 1시간에 약 2회의 질문을 한다(Dillon, 1992; Susskind, 1979)는 사실과 비교할 때, 우리나라 대학 교수-학습 상황에서 이루어지는 학습자 질문빈도는 매우 적게 이루어지고 있음을 알 수 있다. 이는 실제 수업에서 학습자들의 질문이 잘 이루어지고 있지 않다는 선행연구들의 결과와 일치한다고 할 수 있다(김대식 외, 1993; 김진만, 1995; 박승재·이무, 1987; 양미경, 1987, 2002, 2007; Aitken & Neer, 1991; Buseri, 1987; Cazden, 1988; Dillon, 1990; Pollio, 1989; Ramirez, 1992).

둘째, 교수-학습 상황에서 학습자 질문행동은 거의 이루어지지 않는데, 이는 학습자가 교수자에게 궁금한 것이 전혀 없기 때문이 아니라, 학습자 마음속에 생성된 질문이 존재하지만 여러 가지 이유로 교수자에게 질문을 하지 못한 것이다. 전체 학습자 중 130명(65%)의 학습자들은 마음속에 질문이 있음에도 불구하고 여러 가지 이유로 질문을 하지 못한다고 하였다. 이러한 결과는 교수-학습 상황에서 학습자들은 자신의 도식(schema)에 따라 여러 종류의 불일치를 포함하는 인지적 갈등이나 당혹감 등 불협화 인지 요소를 적어도 하나는 경험하기 때문에(Festinger, 1957; 신명희 외, 2009), 학습자의 질문이 존재하지 않는다고 가정하고, 학습자들이 질문을 잘할 수 있도록 질문생성 훈련에 초점을 둔 선행연구(김은숙, 2000; 김정자, 2001; 박은주, 1998; Allison & Shrigley, 1986; Cuccio-Schirripa, 2000; Dori & Herscovitz, 1999;

8) 전체 질문 수 / (14주*2학점*200명)
9) 전체 질문 수 / (5개 수업*6회 관찰*2학점)

Graesser, et al., 1993; Hartford & Good, 1982)들과는 입장을 달리한다. 즉, 교수-학습 상황에서 학습자들은 여러 가지 이유로 교수자에게 질문을 언표화하지 않았을 뿐, 학습자들의 마음속에는 내재된 질문이 존재하기 때문에 이를 적극적으로 언표화할 수 있도록 해야 한다.

셋째, 학습자들은 마음속에 생성된 질문을 교수자에게 언표화하여 질문하기보다는 주로 혼자서 질문을 해결하거나 수업시간 외에 교수자에게 따로 여쭤보거나 메일을 보내 해결하려는 행동을 보였다. 특히 학습자들의 질문빈도는 수업시간 외에 질문한 빈도(141회)가 수업시간 중에 질문한 빈도(54회)보다 약 2.6배나 더 많은 것으로 나타났다. 이렇게 학습자가 마음속에 생성된 질문을 교수자에게 언표화하지 못하는 이유는 전체 요인의 약 80%를 차지하는 교수자의 행동, 태도와 관련된 교수자 요인과 동료학습자, 수강인원, 수업분위기, 교수자와의 관계와 관련된 환경적 요인들이 학습자에게 심리적으로 부정적인 영향을 미치고 있기 때문이다. 이러한 결과는 교수자가 학습자 질문행동에 중요한 영향을 미친다는 선행연구들(Buseri, 1987; Graesser, Person, & Huber, 1993; Greeson, 1988; Nelson-Le Gall & Clor-Scheib, 1985; van der Meij, 1986, 1988)과 수업 내의 환경적 요소가 학습자 질문행동과 수업참여에 중요한 영향을 준다는 선행연구들(Bassett & Smythe, 1979; festinger, 1995; McGlynn, 1996; Nunn, 1996; Ozerk, 2001; Thibodwaux, 1985)의 결과와 같은 입장을 보였다

3.6.2. 교수자의 교수방법과 질문빈도에 따른 학습자들의 질문행동 변화에 대한 논의

첫째, 대학 교수-학습 상황에서 교수자들은 전체 수업의 73%를 차

지할 정도로 강의식 교수방법을 가장 많이 사용하고 있었으며, 학습자들도 전체 학습자의 63%가 강의식 수업방식을 가장 선호하는 것으로 나타났다. 이러한 결과는 우리나라 고등교육기관에서 강의식 교수법이 전체 대학 수업의 약 75∼84%를 차지하고 있다는 선행연구들(박명희 외 5인, 2005; 이성호, 1992, 1995a, 1995b; 이영덕, 1986)과 학습자들도 강의식 수업방식을 가장 선호한다는 선행연구들(염지환·조태경, 2007; 오은주, 2009; Watters, 2000)과 비슷한 결과를 나타냈다. 이러한 경향은 많은 학습자들이 오랜 기간 동안 대학입시 위주의 주입식, 암기식 교육방식으로 인하여, 적극적이고 능동적인 학습태도보다는 수동적인 학습태도에 익숙해졌기 때문이라고 볼 수 있다.

둘째, 대학 교수-학습 상황에서 학습자 질문행동은 교수자의 교수방법과 질문빈도에 큰 영향을 받지 않는 것으로 나타났다. 우선, 강의식 교수법을 선호하는 학습자들은 상대적으로 참여가 보장되는 다른 교수방법(토론식, 발표식, 토론·발표 혼합식 수업)이 사용되는 수업상황에서도 자신의 질문행동은 변함이 없을 것이라고 하였다. 이는 교수자의 교수방식 차이에 따라 학습자들의 질문행동이 영향을 받을 수 있다는 선행연구들(양미경, 1992; Pizzini & Shepardon, 1991)의 결과와는 다르게 나타났다. 실제로 연구자가 관찰한 5개 수업의 교수자들은 모두 강의식 교수법을 사용하고 있었는데, 각 수업에서 학습자의 질문빈도는 모두 다르게 나타났다. 총 5개 수업에서 관찰된 30개의 학습자 질문 중 1개 수업에서 전체 수업의 56.6%를 차지하는 17개의 학습자 질문이 나왔다. 이 수업의 교수자는 다른 수업의 교수자에 비해 학습자들이 질문을 할 수 있도록 질문시간을 지속적으로 일정하게 제공하였으며, 수업이 끝난 후에도 학습자들이 질문을 할 수 있도록 기다려 주었는데, 이러한 교수자의 행동은 각 학습자들이 교수자에게 질문을 하는 것을 편안하게 느끼도록 도와주었다고 할 수 있다.

다음으로 학습자 질문행동은 교수자의 질문빈도에 큰 영향을 받지 않는 것으로 나타났다. 이 연구에서 관찰된 교수자 질문빈도와 학습자 질문행동 간에는 상관이 유의하게 나타나지 않았다($r = -.062$, $p > .921$). 그러나 선행연구(Dillon, 1988a)에 따르면, 교수자 질문빈도와 학습자 질문빈도는 부적관계에 있기 때문에 학습자 질문행동을 높이기 위해서는 교수자 질문빈도를 낮추어야 한다고 하였는데, 이는 이 연구의 결과와는 다른 입장을 보인다.

요약하면, 교수-학습 과정에서 학습자 질문행동은 교수자의 교수방법과 질문빈도에 따라 달라지는 것이 아니라, 교수자가 학습자 질문행동에 대하여 어떤 행동과 태도를 취하는지에 따라 학습자 질문행동은 달라질 수 있다는 것을 의미한다. 그러므로 교수자들은 학습자 질문에 대한 정확한 이해, 수용적 태도, 긍정적 지지를 통하여, 학습자들이 질문을 할 수 있도록 최대한 긍정적으로 반응하고 행동하는 것이 중요하다(Aitken & Neer, 1991; Dillon, 1988a; Karabenick & Sharma, 1994).

3.6.3. 학습자 질문행동에 대한 교수자와 학습자의 인식 차이

대학 교수-학습 상황에서 학습자가 교수자의 행동과 태도를 어떻게 이해하고 있는지에 대한 사실은 교수자가 자신의 행동을 실제로 어떻게 이해하고 있는지에 대한 사실보다 중요하다(Eccles, 1983; 1984; Pintrich & Schrauben, 1992; Winne & Marx, 1982; Wittrock, 1986). 이러한 관점에서 학습자 질문행동에 대한 교수자와 학습자의 인식 차이에 대하여 논의하였다.

첫째, 학습자 질문변인인 인지적 갈등, 마음속에 생성된 질문, 금지와 주저함, 실제 질문행동에 대한 교수자와 학습자의 인식 차이를 살펴보면, 일반적으로 교수자는 자신의 수업을 학습자들이 충분히 이해하고 인지하면서 수업을 따라오고 있다는 생각을 갖고 있었지만, 학습자들은 교수자의 수업내용이 충분히 이해가 되지 않아 인지적 갈등을 느끼고 있는 것으로 나타났다. 또 교수자는 학습자들의 마음속에 생성된 질문이 있을 경우, 이를 교수자에게 실제로 질문할 것이라는 인식은 매우 높은 반면, 학습자들의 마음속에 생성된 질문이 있음에도 불구하고, 학습자들이 질문하는 것을 금지하고 주저한다는 인식은 매우 낮게 나타났다. 이는 교수-학습 상황에서 교수자들은 학습자들이 아무런 반응을 하지 않으면, 자신의 수업을 학습자들이 충분히 이해하고 있다고 생각하기 때문이다. 그러나 교수-학습 상황에서 학습자가 교수자의 설명을 이해하지 못할 경우, 이는 전적으로 학습자의 책임이 되는 경향이 있으므로(김정원, 1997), 교수자들은 학습자들이 인지적 갈등을 표현하기가 매우 어렵다는 것을 인지하고, 학습자와의 중요한 의사소통의 통로인 피드백을 지속적이고 효과적으로 제공하여 학습자들이 느끼고 있는 인지적 갈등을 잘 표출할 수 있도록 도와주는 것이 중요하다.

둘째, 학습자 질문에 관한 교수자 지지와 환경적 지지에 대한 교수자와 학습자의 인식 차이를 살펴보면, 교수자는 학습자보다 질문에 대한 교수자 지지와 환경적 지지에 대하여 높게 인식하고 있는 것으로 나타났다. 이는 교수-학습 상황에서 교수자들은 학습자들이 질문을 하는 데 충분한 지지와 수업환경을 제공하고 있다고 생각하는 것을 의미하는 반면, 학습자들은 질문을 하는 데 있어 교수자에 대한 충분한 지지와 수업환경을 제공받지 못함을 의미한다.

학습자들은 질문에 대한 환경적 지지 측면에서 교수자와 큰 인식 차이를 보였는데, 특히 환경적 지지 중의 하위변인인 질문에 대한 수업분위기, 동료학습자들의 반응에 대해서는 교수자와 학습자 인식 간의 큰 차이가 나타났다. 교수자들은 학습자들이 질문을 할 수 있도록 충분한 수업분위기를 제공한다고 생각하는 반면, 학습자들은 질문을 하기 위한 수업분위기가 제공되어 있지 않다고 생각하고 있었다. 또 교수자들은 한 학습자가 질문을 하였을 때 동료학습자들이 이를 매우 긍정적으로 받아들인다고 생각하는 반면, 학습자들은 질문에 대하여 상당한 눈치와 압력을 받고 있는 것으로 나타났다. 학습자들이 수업시간에 말을 할 것인지를 결정하는 중요한 요인은 학습자의 자신감인데, 이는 특히 동료학습자와의 관계, 수업분위기의 환경적인 요인이 매우 중요한 영향을 끼치고 있음에도 불구하고(Bassett & Smythe, 1979; festinger, 1997; Walberg, 1979), 교수자들은 이러한 환경적 요인들에 대한 이해와 관심이 부족한 실정이다. Seaberg(1974)는 교수자의 역할이 단순히 지식을 전달하는 것이 목적이 아니라, 교육의 목적을 자아실현에 두고, 인본주의 심리학에 기초하여 정치적 환경(관계형성자), 현상학적 환경(진단자), 기술적 환경(중재자), 심미적 환경(종합연출자)의 네 가지 역할을 수행해야 한다(이성호, 2004에서 재인용)고 지적하였다. 이를 고려할 때, 교수-학습 상황에서 교수자는 강의뿐만 아니라, 교수자와 학습자, 학습자와 학습자 간의 충분한 상호작용도 중요한 수업의 한 부분으로 인식하고, 학습자들의 질문행동을 높일 수 있도록 노력해야 한다.

3.6.4. 학습자 질문행동에 대한 구조모형에 대한 논의

이 연구의 가설은 대학의 교수-학습 상황에서 학습자들은 인지적 갈등(CC), 마음속에 생성된 질문(HQ), 억제와 주저함(IH), 실제 질문행동(AQ)의 4가지 단계를 통하여 질문행동이 이루어지며, 학습자 질문행동에 대한 교수자의 태도, 반응 등의 교수자 지지(PTSQ)와 수강인원, 수업분위기 등의 환경적 지지(PESQ)가 학습자 질문행동의 억제와 주저함에 영향을 줌으로써 학습자 실제 질문행동에 부정적인 영향을 준다는 것이다. 이를 토대로 대학 교수-학습상황에서 생성되는 학습자의 인지적 갈등, 마음속에 생성된 질문, 질문에 대한 억제와 주저함, 실제 질문행동, 학습자 질문에 영향을 주는 교수자 지지와 환경적 지지 변인들 간의 관계를 살펴보았다.

첫째, 학습자의 인지적 갈등(CC)은 학습자의 마음속에 생성된 질문(HQ)과 유의수준 $p<.01$에서 정적상관이 나타났다. 이는 교수-학습 상황에서 학습자들은 인지적 갈등이 증가할수록 학습자의 마음속에 생성된 질문이 증가한다는 것을 의미한다. 이는 인지적 갈등이나 당혹감이 학습자가 질문을 갖는 데 긍정적인 영향을 준다는 선행연구들(Karabenick & Knapp, 1991; Newman, 1990; Karabenick & Sharma, 1994; van der Meij, 1988)의 결과를 지지하였다. 그러므로 교수자는 학습자 질문행동을 높이기 위하여 학습자들이 적절한 인지적 갈등을 경험할 수 있도록 수업을 진행하는 것이 중요하다.

둘째, 학습자의 마음속에 생성된 질문은 학습자의 실제 질문행동에 영향을 주기도 하지만, 동시에 학습자의 질문에 대한 금지와 주저함의 행동에도 영향을 주었다. 그리고 학습자의 질문에 대한 금지와 주저함의 행동은 교수자 지지와 환경적 지지 간에 부적으로 밀접한 관계를 갖고 있었다. 매개 모형 분석 결과, 질문에 대한 금지와 주저함은 마음속에 생성된 질문과 학습자의 실제 질문행동 간에 강한 억제효과를 지니고 있었다. 이는 학습자가 마음속에 생성된 질문이 있음이 불구하고, 이를 교수자에게 언표화하여 실제로 질문하기보다는, 학습자 스스로가 실제로 질문하는 것을 강하게 금지하거나 주저하고 있다는 것을 의미한다. 즉, 학습자가 교수자에게 질문을 하고 싶음에도 불구하고, 여러 가지 이유로 이를 표출하는 데 어려움을 갖고 있는 것이다. 이러한 결과는 학습자들의 질문행동이 교수자의 행동 및 태도, 동료집단의 환경적 맥락 등에 다양한 요인에 영향을 받는다는 선행연구의 결과들(김대식 외, 1993; 김진만, 1995; 박승재·이무, 1987; 양미경, 1992; Dillon, 1982; Karabenick & Sharma, 1994)과 일치하였다. 이는 학습자의 마음속에 생성된 질문을 실제 질문행동으로 높이기 위해서는 학습자 스스로가 질문에 대한 금지와 주저함의 행동을 낮추는 것이 중요하다는 것을 의미한다.

셋째, 학습자의 질문에 대한 금지와 주저함의 행동은 교수자 지지와 환경적 지지 간에 모두 부적으로 밀접한 관계를 갖고 있는 것으로 나타났다. 즉, 학습자 질문에 대한 교수자 지지와 환경적 지지가 긍정적일수록, 학습자들은 질문에 대한 금지와 주저함이 감소하여, 학습자들의 마음속에 생성된 질문을 보다 긍정적으로 교수자에 대한 학습자의 실제 질문행동으로 언표화할 수 있는 것이다. 이는 교수자가 학습자 질문에 대한 긍정적 지지가 높을수록 학습자의 질문에 대한 금지와 주저함을 감소시켜 학습자 실제 질문행동이 높아진다는 선행연구들(Karabenick & Knapp, 1994; Schwager & Newman, 1991)의 결과를 지지하였다. 한편으로 환경적 변인을 구성하는 수업분위기, 교수자와의 수평적 관계, 수강인원의 적절성, 동료학습자의 반응에 대한 긍정적 지지가 높을수록 학습자의 금지와 주저함을 감소시켜 학습자 실제 질문행동이 높아진다는 사실을 실증적으로 분석하여 밝혀내었다.

3.6.5. 대학 교수-학습 상황에서의 질문에 대한 학습자 경험에 대한 논의

대학 교수-학습 상황에서 학습자들이 교수자에게 질문을 하지 않고 이를 억제하는 이유에 대하여, 학습자들이 갖고 있는 생각과 경험을 심층면담을 실시하였다. 그 결과, 학습자의 역할과 질문의 의미, 교수자에 관한 인식과 경험, 수업환경에 대한 인식과 경험의 세 가지 요인이 학습자 질문행동을 저해하고 있는 것으로 나타났다.

첫째, 대학 교수-학습 상황에서 학습자들은 자신의 역할에 대하여 매우 소극적인 착한 학습자의 관점을 지니고 있었다. 학습자들은 교수자의 수업을 방해해서는 안 되며, 교수자의 말에 복종해야 하며, 교수자가 수업을 원활히 할 수 있도록 시키는 대로 따라가는 순종적이고 수동적인 태도가 바람직한 학습자의 역할이라는 것이다. 이러한 결과는 학습자들이 기본적으로 교수자가 조용한 학습자를 선호할 것이라는 선행연구의 결과(Karabenick & Sharma, 1994)와 일치한다. 이러한 학습자들의 잘못된 인식은 초등학교 시절부터 주입식 교육에 따라 학습자들의 수동적이고 순종적인 태도의 습관화 그리고 권위에 대한 복종을 강조하는 유교적 수직문화(Kim & Rho, 1982)의 사회적 풍토가 교수-학습 상황에 그대로 존재하고 있기 때문에 발생한 것으로 볼 수 있다. 그러므로 교수-학습 상황에서 학습자들이 보다 적극적으로 수업 참여할 수 있도록 하기 위해서는, 수업에서 합법적 유능함을 가진 교수자가 잘못된 학습자의 역할에 대한 인식을 바로 잡아 주는 것이 무엇보다도 중요하다고 할 수 있다.

다음으로 학습자들은 질문의 의미를 내가 모르는 것이 아니라 모두가 모르는 것이 질문이라는 생각을 가지고 있었는데, 이는 모든 학습자들에게 적용되는 규칙이었다. 학습자가 수업 중에 모두가 모르는 질문을 제기하였을 경우에는 다른 동료학습자들이 긍정적으로 받아들이고 경청하지만, 사적이며, 수업내용과 관련이 적고, 아주 쉬운 내용이며, 별로 중요하지 않고, 나만 모를 수 있는 질문을 공개적으로 제기하는 경우에는 다른 학습자들로부터 짜증, 욕설과 같은 부정적인 피드백을 받게 된다. 이러한 동료학습자들의 부정적인 피드백은 결국 질문에 대한 학습자의 자신감을 상실시키며, 학습자들은 수업 중에 교수자에게 질문하기를 점점 꺼리게 된다(festinger, 1997). 그러므로 교수자는 학습자들이 보다 질문을 적극적으로 할 수 있도록 모든 학습자의 질문이 가치가 있으며 중요하다는 것을 학습자들에게 인지시키는 것이 중요하다.

둘째, 대학 교수-학습 상황에서 학습자들은 학습자 질문에 대한 교수자의 지지 정도에 따라 자신의 질문행동에 대한 심리적인 영향을 받고 있었다. 학습자들은 기본적으로 수업시간에 학습자가 질문을 하는 것에 대하여 교수자들이 싫어할 것이라는 생각을 갖고 있었는데, 이로 인해 학습자들은 자발적으로 질문하는 것을 원치 않으며(Maskill & Pedrosa de Jesus, 1997), 자신의 질문을 교수자에게 의지하기보다는 주변의 친한 친구나, 선배 혹은 혼자서 해결하고 있었다. 그러므로 교수자는 학습자 질문을 긍정적으로 생각하고 있다는 사실을 보다 적극적인 행동과 태도를 통하여 학습자에게 알려야 필요가 있다. 이는 학습자들은 질문을 허용한다는 교수자의 행동이나 태도가 보이지 않는 경우에는 자연스럽게 이 수업에서는 질문을 해서는 안 된다고 생각하는 반면, 질문을 허용한다는 교수자의 행동이나 태도가 보이는 경우에만 질문할 의지를 갖기 때문이다(Biddulph et al., 1986; Christenbury & Kelly, 1983; Dillon, 1983).

다음으로, 교수자는 학습자 질문을 이끌어 내기 위해서 질문에 대한 긍정적인 행동과 태도를 취하는 것뿐만 아니라, 학습자들이 질문을 제기하였을 경우 이를 지속적으로 유지할 수 있도록 학습자 질문에 대한 충분한 감정적 피드백과 정보적 피드백을 제공해야 한다. 교수자가 학습자들의 질문에 무관심하게 반응하거나 부정적인 피드백을 제공하는 경우, 학습자들의 질문빈도는 감소하고 억제되기 때문에(Good, 1981; Newman, 1990; Newman & Goldin, 1990; Rosenshine, 1976; Medley, 1977; van der Meij, 1986, 1988), 교수자는 학습자들의 의견과 아이디어에 대해 흥미를 갖고 이를 소중하게 다루어 주는 것이 중요하다. 또 교수자의 무관심한 반응과 불성실한 답변은 질문을 제기한 학습자뿐만 아니라 다른 동료학습자들에게도 부정적인 영향을 미칠 수 있기 때문에(Shodell, 1995), 교수자는 흥미 있고 성실한 답변을 제공함으로써 학습자들에게 학습자 질문이 가치 있고 중요하다는 것을 간접적으로 보여주어야 한다.

마지막으로 교수자는 학습자들에게 질문시간과 질문기회를 제공할 때, 충분한 질문시간과 기회를 제공해야 한다. 교수-학습 상황에서 학습자들은 지식이 아직 불완전하기 때문에, 생각하고 질문할 수 있는 충분한 시간이 필요하다(이성호, 2004; Rowe, 1986; Tobin, 1987). 또 학습자들은 갑자기 생성한 질문을 금방 잊어버릴 수 있기 때문에, 교수자는 언제라도 학습자가 질문을 할 수 있도록 시간을 제공해야 한다(Pesrosa de Jesus, 1997). 그러나 교수자가 수업특성상 질문기회를 제한하여 제공할 수밖에 없는 경우에는 수업 종료 바로 전보다는 수업 도입부나 수업 중간마다 제공하는 것이 좋다. 교수자가 수업 종료 바로 전에 질문시간을 제공하는 경우에는 학습자들은 동료학습자와 교수자의 눈치와 반응을 살펴봐야 하기 때문이다.

우선 학습자는 질문을 하기 전에 동료학습자들이 반응을 살펴야 하는 데, 대부분의 동료학습자들은 수업이 빨리 끝나기를 바라는 암묵적인 분위기가 형성되어 있어, 이러한 상황에서 학습자가 교수자에게 질문하는 것은 매우 부담스럽다고 할 수 있다. 또한 학습자는 교수자가 진심으로 질문을 받아줄 준비가 되어 있는지에 대한 눈치를 살펴야 하는 데, 교수자가 교실 밖을 나갈 준비를 하면서 형식적으로 학습자에게 질문이 있는지를 확인하는 차원에서 질문기회를 제공한다면, 학습자는 질문을 하기가 매우 어려울 것이다. 실제로 교수-학습 상황에서 교수자들은 학습자 질문이 중요하다고 강조하면서도 학습자 질문을 방해하는 태도를 자주 보이며, 학습자 질문을 별로 좋아하지 않고, 학습자 질문을 교묘하게 피하거나 통제하고 있다(Dillon, 1986; Good et al., 1987; Graesser & Person, 1994; Marchbad-Ad & Sokolove 2000; Wood & Wood, 1988; Woodward, 1992). 학습자 질문에 대한 교수자의 반응태도와 행동이 수업에서 학습자들의 질문행동에 결정적인 영향을 준다는 점을 고려할 때(Karabenick & Sharma, 1994; Newman, 1990; Schwager & Newman, 1991), 교수자들은 학습자들이 질문할 수 있도록 긍정적인 태도와 행동을 제공하여, 학습자들의 질문이 고양되도록 노력해야 한다.

셋째, 대학 교수-학습 상황에서 학습자들의 질문행동은 교수자와 학습자와의 수평적인 관계, 동료들의 반응, 수업분위기, 수강인원 수에 영향을 받는 것으로 나타났다. 우선 학습자는 대학의 교수자를 상당히 어렵고 두려운 대상으로 인식하고 있었다. 특히 학습자들은 교수자의 연령이 많을수록 보수적이고 권위적이라는 생각으로 인해 이러한 어려움과 두려움이 높아졌는데, 이런 교수자에 대한 어려움과 두려움은 학습자들이 질문을 제기하는 행동에 부정적인 영향을 미치고 있었다. 흥미로운 점은 학습자들은 중·고등학교 시절의 교수자를 대학의 교수자보다 친밀하고 편한 존재로 인식하고 있는 데, 이러한 교수자의 친밀감과 편안함이 현재보다 중·고등학교 시절에 질문을 더 많이 제기하고 호응하게 하였다는 것이다. 이는 학습자들이 교수자를 편안히 느끼는 신뢰관계가 형성될수록 학습자들은 수업참여를 적극적으로 하게 된다는 선행연구의 결과(McGlynn, 1996)를 지지하는 것이다. 이렇게 학습자들이 중·고등학교의 교수자보다 대학의 교수자를 상대적으로 더 두려워하고 어려워하는 이유는 대학의 교수자와의 접촉빈도가 너무 낮아 친근감이 형성되지 못하기 때문이다. 중·고등학교 시절에는 교수자가 학습자들을 거의 매일 만나 수업을 진행하고 지도를 하기 때문에, 교수자들은 학습자에 대한 이름, 정보 등을 자연스럽게 습득함으로써 학습자의 이름을 불러주고, 학습자의 장점과 단점을 파악하면서 수업을 진행할 수 있다. 이러한 잦은 접촉으로 인한 학습자에 대한 교수자의 관심과 지지는 학습자들이 보다 교수자를 편안하고 친밀하게 생각할 수 있도록 도와주는 것이다.

그러나 대학의 경우 학습자는 교수를 만나는 시간이 일주일에 2~3시간 정도인데, 이는 학습자와 교수자가 서로에 대하여 알 수 있고 편안하고 친밀감을 형성하기에 매우 짧은 시간이다. 뿐만 아니라 교실 밖에서도 교수자와 학습자의 상호작용이 잘 이루어지고 있지 않은데, 이성호(1995b)의 연구에 따르면 우리나라 대학생들은 교수자와의 접촉경험이 거의 없으며, 설혹 있다고 해도 만족스럽지 않다고 보고하고 있다. 그러나 중·고등학교와 마찬가지로 대학 교수-학습 상황에서도 학습자들은 교수자와의 좋은 관계를 원하고 있으며, 이러한 교수자와 학습자의 관계가 수업에 대한 만족을 제공하고(양은배, 1995), 편안함과 친밀감을 형성할 수 있다고 할 때, 교수자는 학습자의 질문을 높이기 위해서, 보다 수평적인 관점으로 학습자를 바라보고, 편안함과 친밀감을 제공하는 것이 무엇보다도 중요하다고 할 수 있다.

다음으로 동료학습자의 반응은 학습자들의 질문행동에 영향을 줄 수 있는 것으로 나타났다. 대학 교수-학습 상황에서 학습자들은 선행연구들(Dillon, 1988b; festinger, 1997; Jackson, 1969; van der Meij, 1986, 1988)과 마찬가지로 학습자들은 부정적인 반응에 대하여 상당한 두려움을 갖고 있었다. 학습자들은 수업 내에 얼마나 많은 학습자와의 친밀감을 갖고 있는가에 따라 질문행동이 달라졌는데, 수업 내 친밀한 학습자가 많을수록 질문행동에 대한 심리적 위축감이 적은 반면, 친밀한 학습자가 적을수록 질문행동에 대한 심리적 위축감이 높아지는 경향이 있는 것으로 나타났다. 이러한 결과는 수업 내 친밀한 학습자가 많은 경우 그렇지 않은 경우보다 상대적으로 자신의 질문행동에 대하여 긍정적으로 반응을 해주기 때문이다. 또 학습자들은 교수자에게 질문을 할 때에는 수업시간 중이 아니라 수업시간이 끝나고 해야 한다는 암묵적인 분위기가 형성되어 있는 것으로 나타났다. 즉, 수업시간에는 학습자가 질문을 하면 안 된다는 것이 규칙처럼 정해져 있는 것인데(Dillon, 1982; Gall, 1970; Good et al., 1987), 이를 어길 시에는 동료학습자들로부터 곱지 않은 시선, 이메일 협박, 뒤에서 욕설로 비방 등이 부정적인 반응을 경험하게 되는 것이다. 특히 익명성이 보장되는 소형 강의보다 대형 강의에서, 또 수업 도입부보다는 수업 종료 전에 학습자가 질문을 제기하게 되면 이러한 부정적인 반응의 강도는 올라간다. 그래서 학습자들은 질문을 하기 전에 다른 동료학습자가 먼저 질문을 제기한 것에 대하여 눈치를 먼저 살핀 후, 자신의 질문행동을 결정하게 되는 것이다. 이러한 눈치는 한국적인 의사소통의 특징으로(최상진·최연희, 1989), 수업에서 체면을 잃지 않고 자존심을 유지하기 위해, 수업에서 이해를 더 잘 하는 집단의 학습자들에게 피해를 주지 않고, 자신이 다른 동료학습자들에게 무능하게 여겨지지 않기 위해서 주로 사용하고 있었다. 이는 학습자들은 온라인상에서 자신의 진짜 이름으로 질문을 하는 것보다 닉네임이나 거짓이름으로 질문을 했을 때 질문빈도가 높게 나타나는 연구결과(Yu & Liu, 2009)와 같은 입장을 보인다고 할 수 있다.

그리고 교실에 형성되어 있는 질문에 대한 수업분위기도 학습자 질문에 영향을 주고 있었다. 학습자들은 질문에 대한 긍정적인 수업분위기가 형성되어 있는 경우, 자연스럽게 질문을 하는 경향이 나타났다. 이는 긍정적인 수업분위기가 형성될수록 학습자들이 수업에서 편안하게 느끼고 동료학습자들과 상호작용이 일어나 수업에 보다 참여할 수 있다는 선행연구들의 결과(Bassett & Smythe, 1979; festinger, 1995; Nunn, 1996; Walberg, 1979)를 지지하였다. 학습자들은 이렇게 질문에 대한 긍정적인 수업분위기를 형성하는 데 가장 중요한 변인은 교수자라고 지적하였는데, 즉, 교수자가 얼마나 학습자의 질문을 가치있고 소중하게 생각하며, 학습자 질문을 얼마나 지지하고 있느냐에 따라 수업분위기가 달라질 수 있다. 즉, 교수자가 수업시간에 학습자들에게 수업공동체의 의식을 심어주고, 학습자 및 동료학습자의 질문을 강조하며, 함께 경청하는 태도를 보인다면 학습자가 보다 편하게 질문을 할 수 있는 긍정적인 수업분위기가 형성될 수 있다. 중요한 점은 이러한 긍정적인 수업분위기는 초반에 형성되며, 한 번 형성된 분위기는 쉽게 와해되지 않고, 잘 바뀌지 않기 때문에, 교수자들은 반드시 초반에 긍정적인 수업분위기를 형성하도록 노력해야 한다.

마지막으로 학급규모에 따라 학습자들의 질문행동은 심리적으로 영향을 받고 있는 것으로 나타났다. 학습자들의 질문은 자신의 지적 상태에 대한 부적절성을 드러낼 수 있기 때문에(Graesser & Person, 1994), 수업규모가 클수록 학습자들은 자신의 질문행동에 대하여 심리적인 부담을 느끼고 있었다. 여러 선행연구에서도 수업규모의 크기가 학습자의 수업참여와 밀접한 관계가 있다고 지적하고 있는 데(Crawford & MacLeod, 1990; Howard, Short & Clark, 1996), 실제로 학습자들은 소규모 학급의 수업을 더 선호하며, 수업규모가 작을수록 질문을 하는 것이 편안하다고 하였다. 이는 소규모 학급일수록 학습자들이 수업에 더 잘 참여하며(McKeachie, 1990; Nunn, 1996), 수강인원 수가 적은 수업에서 수강인원이 많은 수업보다 학습자 질문이 약 2배 정도 많다(Ozerk, 2001)는 선행연구 결과들을 지지하였다.

그러나 학습자들은 수강인원이 많더라도 개인이 아닌 조별활동을 통하여 질문을 하는 경우에는 보다 편하게 질문을 할 수 있다고 하였다. 이는 상대적으로 조별활동에서 제기되는 질문이 개인이 제기하는 질문보다 학습자의 익명성이 보장되고 정당성이 강조되기 때문으로 판단된다. 또한 이러한 조별활동은 학습자 간의 친밀한 분위기를 생성시켜 학습자들이 수업에서 심리적으로 편안해지고 자연스럽게 의사소통할 수 있게 도모함으로써(김은주, 2003), 학습자들의 질문행동에 보다 긍정적인 영향을 줄 수 있다. 그러므로 학습자의 심리적 위축감이 큰 수강인원이 많은 수업에서 학습자 질문행동을 높이기 위해서는 교수자와 학습자, 학습자와 학습자 간에 평등한 위치에서 서로의 얼굴을 마주보고 눈맞춤(eye contact)이 가능한 원으로 조를 배열하여 학습자가 더 적극적으로 수업에 참여할 수 있도록 해야 한다.

Chapter 4

학습자 질문행동 촉진 교수 모형 개발

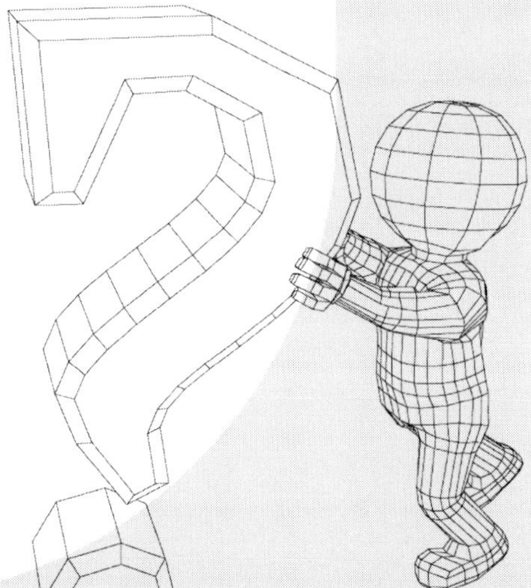

이 연구에서는 대학의 교수-학습 상황에서 이루어지는 학습자들의 질문행동을 분석하였고, 학습자 질문행동을 저해하는 요인들을 교수자, 학습자 그리고 환경의 상호 맥락적 관점에서 규명하였다. 이러한 연구결과들을 종합적으로 고려하여, 교수-학습 상황에서 학습자들의 질문행동을 촉진할 수 있는 교수 모형을 개발하였다.

4.1. 학습자 질문행동에 영향을 주는 요소 구명

대학 교수-학습 상황에서 학습자들은 질문을 거의 하지 않는 것으로 나타났는데, 이러한 결과는 학습자가 실제로 질문이 존재하지 않기 때문이 아니라, 마음속에 생성된 질문이 존재함에도 불구하고, 교수자에게 질문을 하지 않는 것이다. 이러한 학습자의 질문행동은 교수자의 교수방법이나 질문빈도에 큰 영향을 받는 것이 아니라, 교수-학습 상황에서 학습자들의 질문행동을 지지해 주는 요인들과 매우 밀접한 관련이 있다.

학습자들의 질문행동은 인지적 혼란, 마음속에 생성된 질문, 금지와 주저함, 실제 질문행동 순으로 이루어진다. 여기서 학습자 질문행동이 실제로 교수자에게 언표화되는지 혹은 언표화되지 않는지는 금지와 주저함 변인이 실제 질문행동에 어떤 영향을 주는지에 달려 있다고 볼 수 있다.

금지와 주저함 변인은 질문에 대한 교수자 지지와 환경적 지지에 큰 영향을 받는다. 즉, 질문에 대한 교수자 지지와 환경적 지지를 학습자가 높게 인식할수록, 학습자들은 질문에 대한 금지와 주저함이 낮아져 학습자의 실제 질문행동이 높아지며, 반대로 질문에 대한 교수자 지지와 환경적 지지를 학습자가 낮게 인식할수록, 학습자들은 질문에 대한 금지와 주저함이 높아져 학습자의 실제 질문행동은 낮아진다.

본 연구결과, 학습자 질문행동에 영향을 줄 수 있는 질문에 대한 교수자 지지는 질문에 대한 긍정적 행동과 태도, 질문에 대한 긍정적인 감정적 반응 표현, 질문에 대한 충분하고 성실한 답변, 질문의 가치에 대한 중요성 인식, 질문에 대한 긍정적인 피드백 제공, 질문을 할 수 있는 기회제공의 여섯 가지로 구성되어 있다. 그리고 학습자 질문행동에 영향을 줄 수 있는 질문에 대한 환경적 지지는 친근하고 다정한 수평적인 교수자, 질문에 대한 동료학습자의 따뜻한 반응, 수강인원 수를 고려한 조별 질문활동(원형 의자배치), 수업 초기 질문하는 분위기 형성의 네 가지로 구성되어 있다.

또한 대학 교수-학습 상황에서 많은 학습자들은 학습자의 역할과 질문의 의미를 잘못 이해하고 있는 경우가 많은데, 이는 학습자 질문행동에 부정적인 영향을 줄 수 있다. 즉, 교수자는 본격적인 수업에 앞서 학습자가 이해하고 있는 학습자의 역할, 질문에 대한 의미를 보다 올바르고 정확하게 인식할 수 있도록 도와주는 것이 필요하다.

4.2. 학습자 질문행동 촉진 교수 모형

대학 수업에서 학습자 질문행동을 촉진할 수 있는 교수 모형을 다음의 [그림 4-1]에 개발하였다. 이는 수업 진행 상황으로 볼 때, 크게 네 가지 단계로 구성되며, 각 단계별로는 모형 왼쪽에 제시된 바람직한 주체자의 역할이 요구된다. 1단계에서는 교수자가 중요한 역할을 하며, 2단계에서는 학습자가 중요한 역할을 하고, 3단계에서는 교수자와 학습자의 상호작용이 중요하며, 4단계에서는 학습자의 역할이 큰 비중을 차지하게 된다. 특히 3단계의 경우, 교수자와 학습자의 상호작용은 학습자가 마음속에 생성된 질문을 언표화하느냐 혹은 하지 않느냐에 대해 가장 결정적인 영향을 준다. 그러나 교수자 지지와 환경적 지지의 긍정적인 영향은 3단계에서 바로 생성되는 것이 아니라, 1, 2, 3, 4의 모든 단계에 걸쳐서 시나브로 형성되기 때문에 교수자는 수업 전반에서 이러한 부분을 고려할 필요가 있다.

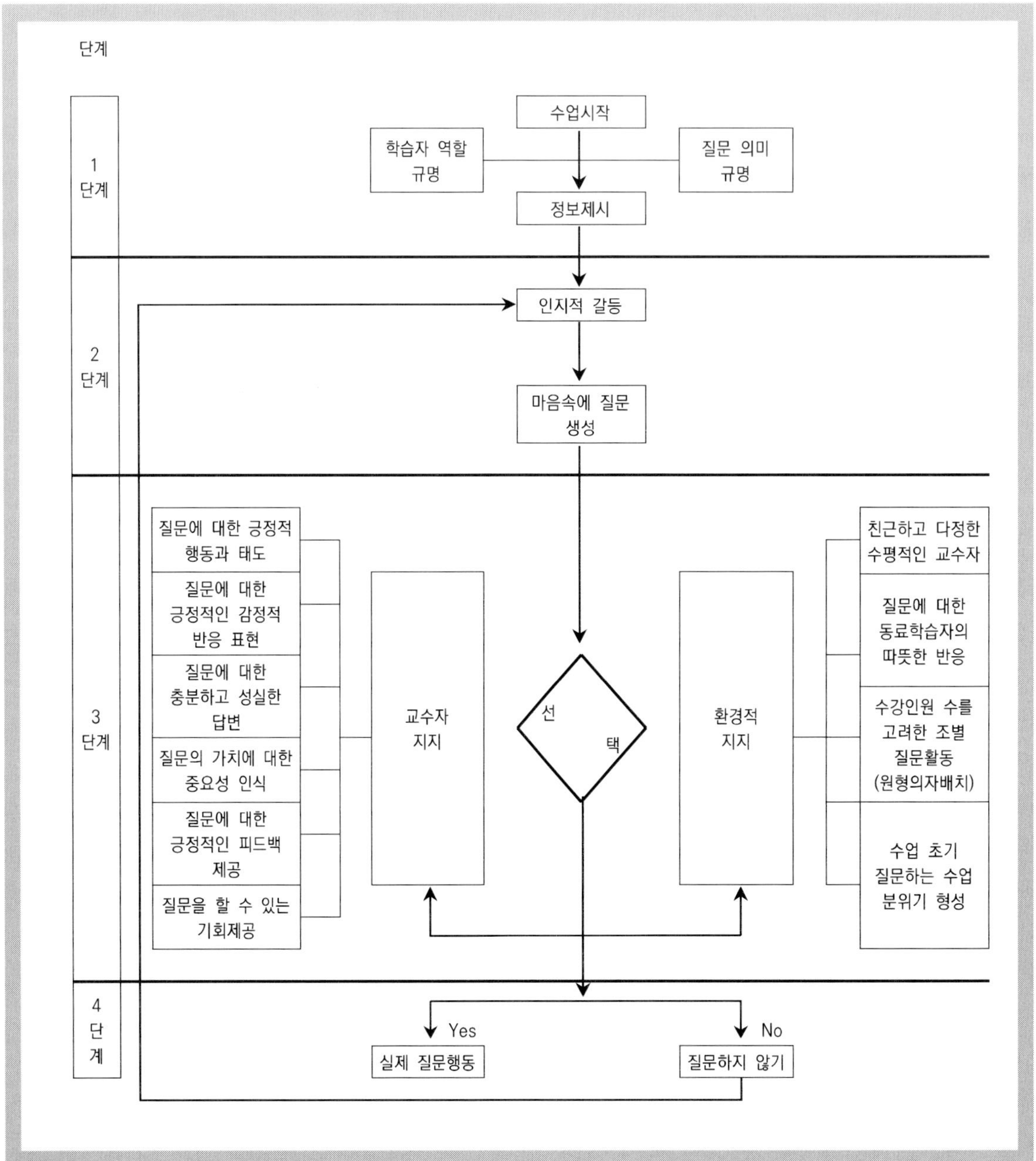

그림 4-1 학습자 질문행동 촉진 교수 모형

4.2.1. 수업시작 및 정보제시 단계

1단계는 교수자가 중심 주체로서, 수업 시작을 위해 교수자와 학습자가 대면하고, 교수자가 학습자에게 정보를 제공하는 단계이다. 교수자는 지식을 전달하는 본격적인 강의에 앞서 수업에서 학습자의 역할과 질문의 의미를 규정해 줌으로써, 학습자의 적극적인 참여를 유도하기 위하여 노력해야 한다.

우선 교수자는 학습자들에게 수업시간에 조용히 하고, 교수자의 질문에 수동적으로 대답하고 반응하는 학습자가 올바른 학습자가 아니라, 보다 능동적이고 적극적으로 수업에 참여하고, 교수자의 설명에 의문사항을 제기할 수 있는 학습자가 바로 바람직한 학습자임을 인식시켜 주어야 한다. 다음으로 교수자는 수업 시간에 제기되는 모든 학습자 질문에 대하여 중요하게 생각하고 있다는 인식을 학습자에게 심어주어야 한다. 즉, 수업내용과 직접적인 관련 여부와 상관없이 모든 학습자의 질문은 중요하며, 다른 사람에게는 중요하지 않거나 쉬운 내용일지라도 본인이 모르는 내용들은 모두 수업에서 그 가치와 의미가 있는 질문임을 학습자들에게 상기시켜야 한다.

4.2.2. 마음속에 질문 생성 단계

2단계는 학습자가 중심 주체로서, 교수-학습 상황에서 교수자가 제시한 정보에 대하여 학습자가 인지적 갈등을 느끼는 단계이다. 이 단계는 학습자가 주체적인 역할을 하는 과정으로, 학습자는 자신의 인지적 갈등을 마음속에 생성된 질문으로 생성하는 것이다. 교수자가 인지적 갈등을 많이 유발할 수 있는 정보를 제시할수록 학습자는 인지적 갈등이 더 높게 일어나며, 마음속에 생성된 질문을 더 많이 생성할 수 있는 반면, 교수자가 인지적 갈등을 적게 유발하는 정보를 제시하는 경우에는 학습자는 인지적 갈등이 적게 일어나며, 마음속에 생성된 질문이 적게 생성할 수 있다.

4.2.3. 질문행동 선택 단계

3단계는 교수자와 학습자 간에 상호작용을 통하여 교수-학습 상황에서 학습자는 마음속에 생성된 질문을 교수자에게 실제로 언표화하여 질문을 할 것인가에 대한 선택 단계이다. 이러한 선택 단계에는 질문에 대한 긍정적 행동과 태도, 질문에 대한 감정적인 감정 표현, 질문에 대한 충분하고 성실한 답변, 질문의 가치에 대한 중요성 인식, 질문에 대한 긍정적인 피드백 제공, 질문을 할 수 있는 기회제공의 여섯 가지의 교수자 지지 변인과 친근하고 다정한 수평적인 교수자, 질문에 대한 동료학습자의 따뜻한 반응, 수강인원 수를 고려한 조별 질문활동(원형 의자배치), 수업 초기 질문하는 분위기 형성의 네 가지의 환경적 지지 변인이 중요한 영향을 끼친다.

여기서 중요한 것은 교수자는 수업에서 학습자 질문행동을 촉진 혹은 감소시킬 수 있는 중심적 주체라는 점이다. 교수-학습 상황에서 학습자가 인식하는 질문에 대한 교수자 지지와 환경적 지지 간에는 매우 높은 정적상관이 있으므로, 교수자는 이 두 가지 요소들에 대하여 모두 긍정적인 관심과 태도를 가지고 학습자들이 질문행동을 할 수 있는 환경을 조성해 주는 것이 중요하다.

구체적으로 학습자 질문행동을 높이기 위한 교수자 지지의 경우, 교수자는 학습자 질문행동에 대하여 긍정적인 행동과 태도를 가지고 있어야 하며, 이를 수업시간에 적극적으로 학습자들에게 표현하는 것이 중요하다. 왜냐하면 교수자가 학습자 질문에 대한 긍정적인 태도와 행동을 가지고 있더라고, 이를 표현하지 않으면 학습자들은 교수자가 학습자 질문을 싫어한다고 생각하기 때문이다. 이는 학습자 질문에 대한 긍정적인 감정적 반응 표현, 질문에 대한 충분하고 성실한 답변, 질문의 가치에 대한 중요성 인식, 질문에 대한 긍정적인 피드백의 경우에도 마찬가지이다.

특히 교수자는 학습자 질문에 대한 기회를 제공할 때, 질문기회 뿐만 아니라 질문시기도 고려해야 한다. 학습자들은 교수자들로부터 질문할 수 있는 기회를 제공받더라도, 교수자가 질문시기를 언제 제공하느냐에 따라 학습자들의 질문행동은 영향을 받는다. 교수자는 수업 도입부 혹은 수업 중간마다 학습자들에게 질문시간 혹은 질문기회를 제공해야 한다. 교수자가 수업 종료 시점에 질문시간을 제공하는 경우, 학습자들은 교수자가 실제로는 질문을 받기를 원하지 않을 것이라 생각하고 있으며, 수업이 빨리 끝나기를 바라는 암묵적인 분위기가 동료학습자들 간에 형성되어 있어, 학습자들이 교수자에게 질문을 하는 것이 쉽지 않기 때문이다.

다음으로 학습자 질문행동을 높이기 위한 환경적 지지는 우선 수업 내 혹은 수업 외 상황에서 교수자와 학습자 간에 친근하고 다정한 수평적인 관계를 형성하는 것이 중요하다. 학습자들은 교수자를 어렵고 불편한 권위적 존재로 인식하고 있는 데, 이는 학습자가 교수자에 질문을 하는 데 큰 걸림돌이 되기 때문이다. 둘째, 학습자 질문에 대하여 동료학습자들의 따뜻한 반응을 유도하는 것이 중요하다. 학습자들은 교수자 뿐만 아니라 동료학습자의 반응에도 매우 민감한 영향을 받기 때문에, 교수자는 학습자들 간의 친밀한 관계 형성을 조장하고, 모든 학습자들에게 동료학습자의 질문이 중요하고 가치 있다는 것을 인지시켜야 한다. 셋째 학습자들은 수강인원 수에 따라 심리적으로 영향을 받는 데, 특히 학습자들은 상대적으로 소규모 수업보다 대규모 수업에서 강한 심리적인 위축감을 느낀다. 그러므로 이러한 대규모 수업에서는 개인 학습자들의 질문행동보다는 익명성과 대표성이 보장되는 조별활동을 통하여 질문을 할 수 있도록 유도해야 한다. 마지막으로 교수자는 수업 초기에 학습자들이 질문할 수 있는 수업분위기를 구성해야 한다. 학습자 질문행동에 대한 수업 분위기는 초반에 결정되기 때문에 교수자는 수업 초반에 학습자들이 적극적으로 참여할 수 있는 여건을 만들어 주는 것이 매우 중요하다.

4.2.4. 실제 질문행동 단계

마지막으로 4단계는 학습자가 중심 주체로서, 학습자는 교수자 지지와 환경적 지지에 따라 자신의 마음속에 생성된 질문을 수업시간에 교수자에게 언표화하여 실제 질문행동을 할 것인지 혹은 자신의 마음속에 생성된 질문을 수업시간에 질문하지 않고 따로 혼자 해결하거나 수업시간 외에 해결할지를 결정하는 단계이다. 이 단계에서 학습자의 결정은 앞으로 교수-학습 상황에서 학습자 본인뿐만 아니라 동료학습자 질문행동에도 중요한 영향을 줄 수 있다. 왜냐하면, 수업시간에 학습자 질문행동이 이루어진다면, 질문을 한 학습자는 본인이 인식한 긍정적인 교수자 지지와 환경적 지지에 따라 지속적으로 질문을 할 가능성이 높으며, 이러한 학습자들의 질문행동은 동료학습자들의 질문행동에도 긍정적인 영향을 줄 수 있기 때문이다.

이를 종합적으로 정리하면 다음과 같은 결론을 내릴 수 있다.

첫째, 대학 교수-학습 상황에서 학습자들은 교수자에게 질문을 거의 하지 않고 있다. 이는 학습자들이 교수자에게 궁금한 것이 없어서 질문을 하지 않는 것이 아니라, 마음속에 생성된 질문이 존재함에도 불구하고 여러 가지 이유로 교수자에게 언표화하여 실제로 질문을 하지 않는다.

둘째, 대학 교수-학습 상황에서 교수자와 학습자는 모두 강의식 교수방법을 가장 선호하고 있으며, 학습자의 질문행동은 교수자의 교수방법이나 질문빈도에 따라 큰 영향을 받지 않는다.

셋째, 대학 교수-학습 상황에서 학습자 질문행동에 대한 교수자와 학습자 간에 인식의 차이가 존재한다. 인지적 갈등과 금지와 주저함은 학습자가 더 높게 인식하는 반면, 실제 질문행동, 질문에 대한 교수자 지지와 환경적 지지는 교수자가 더 높게 인식하고 있다. 교수자는 학습자 입장에서 학습자 질문행동의 질문과정과 지지여건을 이해하고 바라보는 것이 요구된다.

넷째, 대학 교수-학습 상황에서 학습자들은 인지적 갈등이 높을수록, 마음속에 생성된 질문이 증가하며, 이러한 학습자들의 마음속에 생성된 질문은 학습자가 인식하는 교수자 지지와 환경적 지지가 긍정적일수록 금지와 주저함이 감소하여 학습자들의 실제 질문행동에 긍정적인 영향을 준다.

다섯째, 대학 교수-학습 상황에서 학습자들은 마음속에 내재된 질문이 있음에도 불구하고, 왜곡된 학습자의 역할과 질문에 대한 잘못된 이해 그리고 질문에 대한 교수자 지지와 환경적 지지의 부정적인 경험으로 교수자에게 실제로 언표화하여 질문을 하지 않는다.

여섯째, 대학 교수-학습 상황에서 교수자는 학습자 질문행동을 촉진하기 위한 4가지 단계에 따라 수업을 진행해야 한다. 교수자는 올바른 학습자의 역할과 질문의 의미를 규명하고, 학습자의 인지적 갈등을 통한 마음속에 질문을 생성하도록 유도한 후, 학습자들에게 긍정적인 교수자 지지와 환경적 지지를 제공함으로써 학습자들이 실제로 질문할 수 있도록 도와주어야 한다.

참고문헌

강승혜(1999). 학습자중심 교수전략의 모색을 위한 검토. **이중언어학회, 16**(1). 77-99.

곽병선(1981). 사회과 교육에서 비판적 사고를 위한 내용 처치 및 질문 처치의 효과. **한국교육, 8**(1). 5-18.

권낙원(1996). **토의 수업의 이론과 실제.** 서울: 현대교육출판사.

권낙원 · 민용성(2004). 교수유형 분석을 위한 준거 탐색. **교육과정연구, 22**(1). 75-100.

권영성(2006). **대학의 강의식 수업에서 교수의 효율적인 교수행동 요인 분석.** 연세대학교 대학원 박사학위논문.

김남섭(2009, 4월 20일). **옛 교육방식은 틀렸을까?.** 교수신문. Retrieved 3월 10일, 2010, from http://www.kyosu.net/news/quickViewArticleView.html?idxno=18081

김대식 · 박인근 · 성은모 · 국동식 · 김인균 · 손영철 · 노승호 · 김학기(1993). 전통적 수업에 의한 중학교 학생들의 과학개념 변화. **한국과학교육학회지, 13**(1). 100-120.

김덕중(1990). **발문 유형이 초등학교 사회과 학업성취도에 미치는 영향.** 공주사범대학교 대학원 석사학위논문.

김민성(1996). **학생이 잘 지각한 잘 가르치는 교사의 수업행동.** 서울대학교 대학원 석사학위논문.

김민혜(1990). **교사 관심에 의한 수업형태 및 교사-학생의 언어적 상호작용.** 이화여자대학교 대학원 석사학위논문.

김석수(1998). 학교효과 결정요인과 학업성취와의 관계. **교육사회학연구, 8**(2). 109-126.

김성근(1998). **학생 질문을 강화한 과학 수업의 효과 - 중학교 2학년 '화학변화와 원소' 단원을 중심으로-.** 서울대학교 대학원. 석사학위논문.

김성근 · 여상인 · 우규환(1999). 과학 수업에서의 학생 질문에 대한 연구(I). **한국과학교육학회지, 19**(3). 377-388.

김용국(1993). 사고력 신장을 위한 발문에 관한 고찰. **초등교육학연구, 1.**

23-43.

김영천(1997). **네 학교 이야기: 한국 초등학교의 교실 생활과 수업.** 서울: 문음사.

김윤옥 · 김성혜 · 신경숙 · 신경일 · 정명화 · 허승희 · 황희숙(1996). **교육 연구를 위한 질적 연구방법과 설계.** 서울: 문음사.

김은숙(2000). **전문인의 물리문제 풀이 방략 가시화 연습을 통한 대학생의 질문 향상에 관한 연구.** 서울대학교 대학원. 박사학위논문.

김은주(2003). 협동학습에서 의사소통 불안 수준이 학업성취도와 수업만족도에 미치는 영향. **교육심리연구, 17**(2). 215-232.

김재춘 · 변효종(2005). '좋은 수업'의 의미에 대한 비판적 검토. **수산해양교육연구, 17**(3). 373-382.

김정원(1997). **초등학교 수업에 관한 참여관찰 연구.** 서울대학교 대학원 박사학위논문.

김정자(2001). **불일치 상황 제시 수업에서 나타난 고등학생 질문 분석.** 한국교원대학교 대학원 석사학위논문.

김종서 · 김영찬(1983). **수업형태분석법.** 서울: 교육과학사.

김진만(1995). **학생의 열과 온도 개념변화에 있어서 인지방략적 질문의 역할.** 서울대학교 대학원 박사학위논문.

김진실(2006). **전문대학 교과 연계형 학습공동체 수업에서의 상호작용 및 학습 전략에 관한 문화기술적 연구**. 서울대학교 대학원 박사학위논문.

노경주(1999). 교사-학생 상호작용에서 교환되는 교실 언어의 유형 연구. **교육사회학 연구, 9**(2). 97-119.

류지헌 · 조형정 · 윤수정(2007). 학습자 질문 생성에 영향을 주는 요인탐색. **교육연구, 30**. 109-129.

박명희 · 김성훈 · 박명숙 · 이중권 · 박종호 · 이성림(2005). 대학의 교수 학습 개발에 대한 요구분석 연구-동국대학교 교수집단을 중심으로. **한국교육문제연구, 16.** 5-30.

박병학(1978). **창조적 발문법.** 서울: 농성출판사.

박성익(1997). **수업방법 탐구.** 서울: 교육과학사.

박순용(2006). 연구자의 위치와 연구 윤리에 관한 소고: 문화기술지연구를 중심으로. **미래교육연구, 19**(1). 1-29.

박승재 · 이무(1987). 일반계 고등학교 과학교육 실태 비교분석. **한국과학**

교육학회지. 7(2). 71-87.
박완희(1996). 대학의 수업환경 비교 · 분석. **교육심리연구, 10**(2). 197-233.
박용헌(1996). **학교사회.** 서울: 배영사.
박은주(1998). **교실수업에서 안내된 상호 질문활동이 중학생의 힘 관련 단원학습에 미치는 영향.** 서울대학교 대학원 석사학위논문.
박철웅(2004). 지리교사의 발문 실태와 효율적 발문 전략에 관한 연구. **한국지리환경교육학회지, 12**(1). 149-168.
박혜영(2006). **과학 영재 학습자들의 질문 유형 및 질문을 유발시킨 수업 특징 분석.** 서울대학교 대학원 석사학위논문.
배호순(1992). 교수효과 평가를 위한 준거체제 탐색 연구. **교육학연구, 30.** 157-172.
변영계 · 김경현(2005). **수업장학과 수업분석.** 서울: 학지사.
변홍규(1995). **질문제시의 기법.** 서울: 교육과학사.
변홍규 · 김계순(1992). 교사의 질문활용실태와 개선에 관한 연구. **교육논총, 12.** 61-88.
서경혜 · 유신형(2004). 좋은 수업에 대한 교사와 학생 및 학부모의 관점. **교육학연구, 42**(4). 285-315.
신명희(2002). **교수방법의 심리적 기초.** 서울: 학지사.
신명희 · 박명순 · 권영심 · 강소연(2009). **교육심리학의 이해.** 서울: 학지사.
양미경(1987). 교수-학습상황에서 질문이 갖는 의미와 역할. **교육개발, 9**(1). 108-115.
______(1992). **질문의 교육적 의미와 그 연구과제.** 서울대학교 대학원 박사학위논문.
______(2002). 학생의 질문 행동 및 내용의 특성과 그에 따른 교육적 시사점 분석. **교육학연구, 40**(1). 99-128.
______(2007). 질문 창출 노력의 교육적 의의와 한계. **열린교육연구. 15**(2). 1-20.
양은배(1995). **대학생의 수강과목 선택요인 분석.** 연세대학교 대학원 석사학위논문.
오은주(2009). 학습자 중심 수업을 위한 교수역량 탐구. **사고계발, 6**(2). 107-134.
염지환 · 조태경(2007). **사이버교육에서 학습참여도와 학업성취도간의 관련성**

분석. 한국정보기술응용학회 2007년도 추계 국제학술대회.

윤지중(1993). **초등 교사의 발문 수준이 아동의 비판적 사고력에 미치는 영향.** 한국교원대학교 대학원 석사학위논문.

이광성(1997). 고급사고력향상을 위한 교수-학습방법에 관한 연구. **사회와 교육, 25**(1), 369-388.

이상준(1991). **학습 능력에 따른 발문 수준이 학업성취도에 미치는 효과**. 한국교원대학교 대학원 석사학위논문.

이성호(1987). **대학교육과정론: 쟁점과 과제.** 서울: 연세대학교출판부.

______(1992). **대학교육의 갈등.** 서울: 느티나무.

______(1995a). **세계의 대학교수.** 서울: 문음사.

______(1995b). **한국의 대학교수.** 서울: 학지사.

______(2004). **교수방법론.** 서울: 학지사.

이영덕(1986), **세계주요국의 대학교육과정 비교연구,** 서울: 한국대학교육협의회.

이영숙(2004). 교실 환경 요인과 교사 · 학습자 상호 협력을 통한 교실 운영 전략. **외국어로서의 한국어교육, 29.** 181-202.

이용숙(1992). 한국 중등학교 문화의 특성. **한국청소년연구, 9.** 15-33.

______(2005). **교육인류학: 연구방법과 사례.** 서울: 아카넷.

이혁규(1996). **중학교 사회과 교실 수업에 대한 일상생활기술적 사례연구**. 서울대학교 대학원 박사학위논문.

이현주(2005). **노인부부가구에서 치매 배우자를 돌보는 남편의 수발 경험에 관한 연구-Giorgi의 현상학적 연구방법을 활용하여-.** 이화여자대학교 대학원 박사학위논문.

임선빈(1996). 교사의 인지적 발문이 학업성취에 미치는 영향 I. **교육연구, 14**. 141-162.

임종일(1998). **발문 수준이 학생의 수학적 문제 해결력 신장에 미치는 영향.** 전주교육대학교 대학원. 석사학위논문.

장두기 · 김인식(1999). 수업자의 성격특성과 학업성취와의 관계. **교육이론과 실천, 9**(1). 15-35.

전성연(1995). **대학 교육과정과 수업.** 서울: 학지사.

정범모(1990). **학업성취의 요인.** 서울: 교육과학사.

정미경(2007). 교원양성교육에서의 좋은 수업에 대한 예비교사의 인식,

교육과정연구, 25(3). 247-264.

정민수 · 전미란 · 채희권(2007). 과학영재 수업에서 언어적 상호작용을 통하여 본 교사의 발문과 피드백 사례분석, **한국과학교육학회지, 27**(9). 882-893.

정영란 · 배재희(2002). 질문 강화 수업이 중학생들의 질문 수준과 학업성취도에 미치는 영향. **한국과학교육학회지, 22**(4). 872-881.

조영달(1992). 정형화된 사회적 공간에서의 한국적 상호 작용유형의 이해 -어느 고등학교 경제수업의 TURN-TALKING과 사회적 참여구조 연구- **사회와 교육, 16.** 309-363.

진영은(2000). 고등학교 교사들의 수업 중의 질문법에 관한 분석. **인문과학, 30.** 81-100.

최경희 · 박종윤 · 최병순 · 남정희 · 최경순 · 이기순(2004). 중학교 과학 수업에서 교사와 학생의 언어적 상호작용 분석, **한국과학교육학회지, 24**(6). 1039-1048.

최신일(2000). 도덕과 수업에 있어서 교사-학생 간의 의사소통에 관한 실태조사를 위한 기초 연구. **대구교육대학교 초등교육연구. 15**(1). 59-76.

최애숙(2000). 효율적 대학 수업 모형 개발 연구. **교육발전논총, 21**(1). 83-104.

최상진 · 최연희(1990). **눈치기제가 유발되는 상황과 이유에 대한 연구.** 한국심리학회 연차대회 학술발표논문초록. 293-302.

최현섭(1985). **학교의 도덕사회화에 관한 상호 작용 분석 연구.** 서울대학교 대학원 박사학위논문.

한국교육개발원(2009). **교육통계연보.** 서울: 한국교육개발원.

황정규(1992). 교수의 측정 · 평가: 과제와 방향. **교육학연구, 30**(3). 1-10.

홍세희(1999). **문항반응 이론과 요인분석을 이용한 척도개발 및 타당화.** 1999년도 임상심리학회 3차 워크숍.

Amidon, E. & Hunter, E. (1967). *Improving teaching: The analysis of classroom verbal interaction.* NY: Holt, Rinehart & Winston.

Aitken, J. E. & Neer, M. R. (1991, November). *Variables associated with question-asking in the college classroom.* Paper presented at the

77th Annual Meeting of the Speech Communication Association. Atlanta, GA.

Allison, A. W. & Shrigley, R. L. (1986). Teaching children to ask operational questions in science. *Science Education, 70*(1), 73-80.

Ashmore, A. D., Frazer, M. J., & Casey, R. J (1979). Problem solving and problem solving networks in chemistry. *Journal of Chemical Education, 56*(6), 377-379.

Astine, W. A. (1977). *Four critical years: Effects of college in beliefs, attitudes, and knowledge.* San Francisco: Jossey-Bass.

Axelrod, J. (1973). *The university teacher as artist.* San Francisco: Jossey-Bass.

Bandalos, D. L. (1997). Assessing sources of error in structural equation models: The effect of sample size, reliability, and model misspecification. *Structual Equation Modeling, 4*(3), 177-192.

Banks, J. A. (1990). *Teaching strategies for the social studies*(4th ed.). NY: Longman.

Barlow, A. & Cates, J. M. (2006). The impact of problem posing on elementary teachers' beliefs about mathematics and mathematics teaching. *School Science and Mathematics*, *106*, 64-73.

Barr, A. S. & Emans, L. M. (1930). What qualities and prerequisites to success in teaching?. *The Nation's Schools, 6,* 60-64.

Bassett, R. E. & Smythe, M. J. (1979). *Communication and instruction.* NY: Harper & Row.

Bellack, A. A. (1966). *The language of the classroom.* NY: Teacher College Press.

Bentler, P. M. (1990). Comparative fit indices in structural models. *Psychological Bulletin, 107*, 238-246.

Berliner, D. C. (1987). But do they understand? In V. Richardson-Kowhler(Ed.), *Education's handbook: A Research perspectives,* NY: Longman.

Biddulph, F. & Osborne, R. (1982). *Some Issues Relating to Children's Questions and Explanations.* Learning in Science Project (Primary).

Working Paper No. 106. Waikato Univ., Hamilton (New Zealand).

Biddulph, F., Symington, D., & Osborne, R. (1986). The place of children's questions in primary science education. *Research in Science and Technological Education, 4*(1), 77-88.

Bloom, B. S. (1956). *Taxonomy of educational objectives, Handbook 1: Cognitive domain.* NY: Longman.

Blosser, P. E. (1973). Handbook of effective questioning techniques; 송용의(역)(1987). 효율적인 교사의 발문기법. 서울: 배영사.

Bonnstetter, R. J. (1988). Active learning often starts with a question. *Journal of College Science Teaching, 18*(2), 95-97.

Boud, D., & Falchikov, N. (2006). Aligning assessment with long-term learning. *Assessment & Evaluation in Higher Education, 31*(4), 399-413.

Brophy, J. E. & Good, T. L. (1986). Teacher behaviour and student achievement. In M. C. Wittrock (Ed.), *Handbook of research on teaching* (3rd Edition). NY: Macmillan.

Browne, M. W. & Cudeck, R. (1993). Alternative ways of assessing model fit. In K. A. Bollen & J. S. Long(Eds.), *Testing structural equation models.* Newbury Park, CA: Sage.

Brown, G. & Wragg, E. C. (1993). *Questioning.* NY: Routedge.

Burbles, N. C. & Bruce, B. C. (2001). Theory and research on teaching as dialogue. in V. Richardson (Ed.), *Handbook of research on teaching* (4th edition). Washington, DC: American Educational Research Association.

Buseri, J. C. (1987). The influence of culture on pupils' questioning habits in Nigerian secondary schools. *International Journal of Science Education, 9*(5), 579-584.

Caffarella, R. S. (1993). Self-directed learning. In S. B. Merriam(Ed.), *An update on adult learning theory* (pp. 25-36). New Directions for Adult and Continuing Education, No. 57. San Francisco: Jossey-Bass.

Carsen, W. S. (1991). Questioning in the classroom: A sociolinguistic perspective. *Review of Educational Research, 61*(2), 157-178.

Cashin, W. E. (1995). *Answering and asking questions.* idea paper no. 31. Center for faculty evaluation and development, division of continuing education, Kansas state university.

Cartter, A. M. (1967). University teaching and excellence. In C .B. T. Lee(Ed.), *Improving college teaching.* Washington, DC: American Council on Education.

Cazden, C. B. (1988). *Classroom discourse. The language of teaching and learning.* Portsmouth, NH: Heinemann.

Charters, W. W. & Waples, D. (1929). *The commonwealth teacher-training study.* Chicago: University of Chicago Press.

Chin, C. & Brown, D. E. (2002). Student-generated question: a meaningful aspect of learning in science. *International Journal of Science Education. 24*(5), 521-549.

Chin C. & Kayalvizhi G. (2002). Posing problems for open investigations: What questions do pupils ask?. *Research in Science and Technological Education, 20*(2), 269-287.

Christesen, L. J., Curley, K. E., Marquez, E. M., & Menzel, K. E. (1995). *Classroom situation which lead to student participation.* Paper presented at the annual meeting of the Speech Communication Association. San Antonio, TX.

Christenbury, L. & Kelly, P. P, (1983). *Questioning: A path to critical thinking.* Urbana, IL: ERIC Clearinghouse on Reading and Communication Skills and the National Council of Teachers of English.

Clegg, A. A. (1971). Classroom questions. In Lee C. Deighton (Ed.), *The encyclopedia of education* (Vol. 2, pp. 183-190). NY: Macmillan.

Cliatt, M. J. P., Shaw, J. M., & Sherwood, J. M. (1980). Effects of training on the divergent thinking abilities of kindergarten children, *Child Development, 51,* 1061-1064.

Cohen, J., Cohen, P., Aiken, L. S., nd West, S. G. (2002). *Applied multiple regression correlation analysis for the behavioral sciences* (3rd ed.). Mahwah, NJ: Lawrence Erlbaum.

Cole, P. G. & Chan, L. K. S. (1987). *Teaching principles and practice.* NY: Prentice Hall.

Conger, A. J. (1974). A revised definition for suppressor variables: A guide to their identification and interpretation. *Educational Psychological Measurement, 34,* 35-46.

Costa, C. H., Gallastegui, J. R., & Otero, J. (2000). An analysis of question asking on scientific texts explaining natural phenomena. *Journal of Research in Science Teaching, 37(6),* 602-614.

Creswell, J. W. (2003). Research design: qualitative, quantitative, and mixed method approaches.; 강윤수 외 8인(역)(2005). 연구설계: 정성연구, 정량연구 및 혼합연구에 대한 실제적인 접근. 서울: 교우사.

Cuban, L. (1984). School reform by remote control. *The Phi Delta Kappa, 66*(3), 213-215.

Cuccio-Schirripa, S. & Steiner, H, E, (2000). Enhancement and analysis of science question level for middle school students. *Journal of Research in Science Teaching, 37*(2), 210-224.

Davis, B. G. (1993). *Tools for teaching.* San Francisco: Jossey-Bass.

Davis, O. L., Morse, K. R., Rogers, V. M., & Tinsley, D. C. (1969). Studying the cognitive emphases of teachers' classroom questions. *Educational Leadership, 26,* 711-838.

Dierick, S., & Dochy, F. (2001). New lines in edumetrics: New forms of assessment lead to new assessment criteria. *Studies in Educational Evaluation 27*(4), 307-329.

Dillon, J. T (1980). Curiosity as non sequitur of Socratic questioning. *The Journal of Educational Thought, 14*(1), 17-22.

______________ (1981). A norm against student questions. *The Clearing House, 55*(3), 136-139.

______________ (1982). Effect of the question of education and other enterprise. *Journal of Curriculum Studies. 14*(2), 127-152.

______________ (1983). *Teaching and the Art of Questioning.*

Bloomington, IN: Phi Delta Kappa Educational Foundation

______________ (1986). Student questions and individual learning. *Educational Theory, 36,* 333-341.

______________ (1988a). *Questioning and teaching: a manual of practice.* London and Sydney: Croom Helm Ltd.

______________ (1988b). The remedial status of student questioning. *Journal of Curriculum Studies. 20*(3), 197-210.

______________ (1990). *The practice of questioning.* NY: Routledge.

Donaldson, M. (1978). *Children's minds*. London: Fontana. Collins.

Dori, Y. J. & Herscovitz, O. (1999). Question-posing capability as an alternative evaluation method: analysis of an environmental case study. *Journal of Research in Science Teaching, 36*(4), 411-430.

Drew, C. J. (1971). Research on the psychological behavioral effect of the physical environment. *Review of Educational Research, 41*(5), 447-465.

Duffy, T. M. & Jonassen, D. H. (1992). Constructivism and the technology of instruction. Hillsdale, NJ: Lawrence Erlbaum Associates.

Duval, S, & Wicklund, R. A. (1972). *A theory of objective self-awareness.* San Die해, CA: Academic Press.

Eccles, J. (1983). Expectancies, values, and academic behaviors. In J. J. Spence (Ed.), *Achievement and achievement motives*, San Francisco: Freeman.

Ellerton, N. F. & Ellerton, H. D. (1987). *Mathematics and chemistry problems created by students*. In proceedings of the second international seminar: Misconceptions and educational strategies in science and mathematics (Vol. 3). Cornell University, 131-136.

Ellis, A. K. (1991). *Teaching and learning elementary social studies.* Massachusetts: Allyn & Bacon.

Elstgeest, J. (1985). The right question at the right time. In W. Harlen (ed.), *Primary Science: Taking the Plunge.* London: Heinemann.

Evans, G. W. (1984). *Environmental stress.* Cambridge University Press.

Evans, J. M. & Brueckner, M. M. (1990). *Elementary social studies.*

Boston: Allyn and Bacon.

Festinger, L. (1957). *A theory of cognitive dissonance.* Stanford, CA: Stanford University Press.

Fisher, J. D., Nadler, A., & Whitcher-Alagna, S. (1982). Recipient reactions to aid. *Psychological Bulletin, 91,* 27-54.

Flanders, N. A. (1960). *Interaction analysis in the classroom: A manual for observers.* Ann Arbor: University of michigan press.

Foote, C. J. (1998). Student-generated higher order questioning as a study strategy. *The Journal of Educational Research, 92*(2), 107-113.

Gage, N. L. (1963). *Handbook of research on teaching.* NY: John Wiley.

Gall, M. D. (1970). The use of questions in teaching. *Review of Educational Research, 40,* 707-721.

____________ (1971). *Higher cognitive questioning teachers handbook.* NY: McMillian.

____________ (1984). Synthesis of research on teachers' questioning. *Educational Leadership, 42*(3), 40-47.

Gall, M. D., Ward, B. A., Berliner, D. C., Cahen, L. S., Winne, P. H., Elashoff, J. D., and Stanton, G. C. (1978). Effects of questioning techniques an recitation on student learning, *American Educational Research Journal, 15*(2), 175-199.

Gallagher, J. J. (1965). *Productive thinking in gifted children.* Urbana, Illinois: Institute for research on exceptional children, Univ. of Illinois.

Gergen, K. J. (1995). Social construction and the educational process. In L. P. Steffe & J. Gale(Eds.), *Constructivism in education*(PP. 17-39). Hillsdale, NJ: Erlbaum.

Goble, F. G. (1970). *The third force: the psychology of Abraham Maslow.* NY: Grossman.

Goetz, J. P. & LeCompte, M. D. (1984). *Ethnography and qualitative design in educational research.* NY: Academic Press.

Good, T. L. (1981). Teacher expectations and student perceptions: A decade of research. *Educational Leadership, 38*(5), 415-423.

Good, T. L., Slavings, R. L., Harel, K. H. & Emerson, H. (1987). A study of question asking in K-12 classrooms. *Sociology of Education, 60*(3), 181-199.

Goodlad, J. (1984). *A place called school: Prospects for the future.* NY: McGraw-Hill.

Graesser, A. C., & Olde, B. A. (2003). How does one know whether a person understands a device? The quality of the questions the person asks when the device breaks down. *Journal of Educational Psychology, 95,* 534-536.

Graesser, A. C. & Person, N. K. (1994). Question asking during tutoring. *American Educational Research Journal, 31*(1), 104-137.

Graesser, A. C., Person, N. K., & Huber, J. D. (1993). Question asking during tutoring and in the design of educational software. In M. Rabinowitz (Ed.), *Cognitive science foundations of instructional software.* Hillsdale, NJ: Lawrence Erlbaum Associates.

Gredler, M. E. (1997). *Learning and instruction: Theory into practice* (3rd ed.). Englewood Cliffs, NJ: Prentice Hall.

Greeson, L. W. (1988). College classroom interaction as a function of teacher- and student-centered instruction. *Teacher and Teacher Education, 4,* 305-315.

Grippin, P., & Peters, S. (1984). *Learning theory and learning outcomes.* Lanham, MD: University Press of America.

Guba, E. G. & Lincoln, Y. S. (1981). Effective evaluation. San Francisco: Jossey-Ball.

Hall, R. M. & Sandler, B. R. (1982). The classroom climate: A chilly one for women? Washington, DC: *Project on the status and education of women. Association of American College.* (ERIC document reproduction service No. ED 215628).

Harris, A. (2002). *School improvement: What's in it for school?.* NY: Routledge Flamer.

Hart, F. W. (1934). *Teachers and teaching: By ten thousand high school seniors.* NY: Mcmillan.

Hartford, F. & Good, R. (1982), Training chemistry students to ask research questions. *Journal of Research in Science Teaching, 19*(7), 559 - 570.

Hatch J. A. (2002). *Doing qualitative research in education settings.* 진영은 역(2008). 교육 상황에서 질적 연구 수행하기. 서울: 학지사.

Hiebert, J. & Wearne, D. (1993). Instructional tasks, classroom discourse, and student' learning in second-grade arithmetic. *American Educational Research Journal, 30*(2), 393-425.

Hong, S., Malik, M. L., & Lee, M. K. (2003). Testing configural, metric, scalar, and latent mean invariance across genders in sociotropy and autonomy using non-western sample. *Educational and Psychology Measurement, 73,* 636-654.

Hunkins, F. (1989). *Teaching thinking through effective questioning.* Needham Jeight, Mass.: Christopher-Gordon.

Hyman, R. T. (1974). *Ways of teaching* (2nd ed.). Philadelphia: J. B. Lippincott.

Iran-Nejad, A., & Cecil, C. (1992). Interest and learning: A biofunctional perspective. In K. A. Renninger, S. Hide, & A. Krapp (Eds.), *The Role of Interest in Learning.* Hillsdale, NJ: Erlbaum.

Jackson, P. W. (1968). *Life in classroom.* NY: Holt, Rinehart & Winston.

Karabenick, S. A., & Knapp, J. R. (1988). Effects of computer privacy on help seeking. *Journal of Applied Social Psychology, 18,* 461-472.

____________________(1991). Relationship of academic help seeking to the use of learning strategies and other instrumental achievement behavior in college students. *Journal of Educational Psychology, 83,* 201-230.

Karabenick, S. A & Sharma, R. (1994). Perceived teacher support of student questioning in the college classroom: its relation to student charateristics and role in the classroom questioning process. *Journal of Educational Psychology, 86,* 90-103.

Kawa, H. D. M. (1980). *A study to investigate the effects of wait-time and questioning strategies on the oral language behaviors of teach-*

ers and students during children's literature discussions in language arts. Unpublished doctoral dissertation, Pennsylvania state university.

Keeley, S. M., Ali, R., & Gebing, T. (1998). Beyond the sponge model: encouraging students' questioning skills in abnormal psychology. *Teaching of Psychology, 25*(4), 270-274.

King, A., & Rosenshine, B. (1993). Effects of guided cooperative questioning on children's knowledge construction. *Journal of Experimental Education, 61*(2), 127-148.

King, A. (1994). Guiding Knowledge construction in the classroom: Effects of teaching children how to question and how explain. *American Educational Research Journal, 31*(2), 338-368.

Kniep, W. M. (1977). Some effects of high level questions with systematic positive reinforcement on the achievement of selected social studies concepts. *Social Education 41,* 340-344.

Kim, B. W. & Rho. W. J. (1982). *Korean public bureaucracy: readings.* Seoul: Kyobo Pub.

Kyriacou, C. (1988). *Effective Teaching in Schools.* Oxford: Basil Blasckwell.

LeCompte, M. D. & Schensul, J. J. (1999). *Analyzing and interpreting ethnographic data.* Walnut Greek, CA: AltaMira.

MacKinnon, D. P., Krull, J. L., & Lockwood, C. M. (2000). Equivalence of the Mediation, Confounding and Suppression Effect. *Prevention Science, 1*(4), 173-181.

Macmillan, C. J. B. & Garrison, W. J. (1983). An erotetic concept of teaching. *Educational Theory, 33*(3), 157-166.

____________________ (1988). *A logical theory of teaching: Erotetics and intentionality.* Dordrecht: Kluwer Academic Publishers.

Maloney, D. (1994). Research on problem solving: Physics, in Gable, D. L. (Ed.), *Handbook of research in science teaching and learning.* NY: MacMillan.

Marchbad-Ad, G. & Sokolove, P. (2000). Can undergraduate biology students learn to ask higher level questions? *Journal of Research on science Teaching, 37*(8), 854-870.

Martorella, P. H. (1991). *Teaching social studies in middle and secondary schools.* NY: Macmillan Co.

Maskill, R. & Pedrosa de Jesus, M. H. T. (1997). Pupils' questions, alternative frameworks and the design of science teaching. *International Journal of Science Education, 19*(7). 781-799.

Matthews, M. R. (2000). Appraising constructivism in science and mathematics education. In Philips, D. C. (Ed.), *Constructivism in education: Opinions and second opinions on controversial issues.* Chicago: The University of Chicago Press.

McGlynn, A. P. (1996). *Classroom atmosphere in college: Improving the teaching/learning environment.* Trenton, NJ: Mercer County Community Coll.

McKeachie, W. J. (1990). Research on college teaching: The historical background. *Journal of Educational Psychology, 82(*2), 189-200.

Medley (1977). *Teacher competences and teacher effectiveness: A review of process-product research.* Washington, DC: American Association of College for Teacher Education. (ERIC Document Reproduction Service No. ED 143629).

Meece, J. L. (1987). The influence of school experiences on the development of gender schemata. In L. S. Liben & M. L. Signorella (Eds.), *Children's gender schemata* (pp. 57-73). SanFrancisco, CA: Jossey-Bass.

Messinger, M. A. (1996). *Dare to question.* Hawaii: The fine print press.

Merriam, S. B. (1998). *Qualitative research and case study applications in education: Revised and expanded form case study research in education*. CA: Jossey-Bass.

Merriam, S. B., Caffarella, R. S., & Baumgartner, L. M. (2006). *Learning in adulthood* (3rd ed.). San Francisco: Jossey-Bass.

Michelle, C. (2001). What can we learn from students' question?. T*heory into Practice, 34*(2), 101-106.

Minnis, D. L. & Shrable, K. (1970). *Teachers manual I: Improving questioning strategies.* CA: San Anselmo.

Moore, K. D. (2000). *Classroom teaching skills.* NY: McGraw-Hill.

Moustakas, C. (1994). *Phenomenological research methods.* C.A: Sage Pub.

Myers, M. D. (1994). A disaster for everyone to see: an interpretive analysis of a failed IS project. *Accounting, Management and Information Technologies, 4(*4), 185-201.

Nadler, A. (1991). Help seeking behavior: Psychological costs and instrumental benefits. In M. S. Clark (Ed.), *Review of personality and social psychology: Vol. 12. Altruism and prosocial behavior.* Newbury Park, CA: Sage.

Nadler, A., & Fisher, J. D. (1986). The role of threat to self-esteem and perceived control in recipient reactions to help: Theory development and empirical validation. In L. Berkowitz (Ed.), *Advances in experimental social psychology, 19*, 81-123. San Diego, CA: Academic Press.

Nadler, A. & Porat, I. (1978). Names do not help: Effects of anonymity and locus of need attribution on help seeking behavior. *Personality and Social Psychology Bulletin, 4,* 624-626.

Nelson-Le Gall, S. & Glor-Scheib, S. (1985). Help seeking in elementary classrooms: An observational study. *Contemporary Educational Psychology, 10,* 58-71.

Newman, R. S. & Goldin, L. (1990). Children's reluctance to seek help with schoolwork. *Journal of Educational Psychology, 82,* 92-100.

Olsher, G. (1999). Biotechnologies as a context for enhancing junior high-school student's ability to ask meaningful questions about abstract biological processes. *International Journal of Science Education, 21,* 137-153.

Osborne, R. T. & Freyberg, P. (1985). Learning in science: The implications of children's science. Portsmouth, NH: Heinemann.

Ozerk, K. (2001). Teacher-student verbal interaction and questioning, class size and bilingual students; academic performance. *Scandinavian Journal of Educational Research, 45*(4), 353-368.

Pedrosa de Jesus, H. (1991). *An investigation of pupils' questions in science teaching.* Unpublished doctoral dissertation, University of East Anglia.

Pedrosa de Jesus, H., Almeida, P., & Watts, M. (2002). Learning styles and subject-related questions: are they academic field dependent? *In proceedings of the 7th Annual Conference of the European Learning Style Information Network-Learning Style-Reliability & Validity* (pp.275-283). University of Ghent, Belgium.

Pedrosa de Jesus, H., Almeida, P., Teixeira-Dias, J. J. C., & Watts, M. (2003). *Students' questions and orientations to learning: A research perspective.* Paper presented to the International Conference Teaching and Learning in Higher Education: New Trends and Innovations, Universidade de Aveiro, Portugal.

Pedrosa de Jesus, H. & Coelho Moreira, A. (2009). The role of students' questions in aligning teaching, Learning and assessment: A case study from undergraduate sciences. *Assessment & Evaluation in Higher Education, 34*(2), 193-208.

Perrott, E. (1982). *Effective teaching.* NY: Longman Inc.

Perry, M., Vanderstoep, S., & Yu, S. L. (1993). Asking questions in first grade mathmatics classes: Potential influences on mathematical thought. *Journal of Educational Psychology, 85*(1), 31-40.

Phillips, N., & Duke, M. (2001). The questioning skills of clinical teachers and preceptors: a comparative study. *Journal of Advanced Nursing. 33*(4), 523-529.

Pintrich, P. R. & Schrauben, B. (1992). Students' motivational beliefs and their cognitive engagement in classroom tasks. In Schunk, D. H. & Meece, J. L. (Eds.), *Student perceptions in the classroom Lawrence Erlbaum* Associates, NJ: Hillsdale.

Pizzini, E. L. & Shepardon, D. P. (1991). Students questioning in the presence of the teacher during problem solving in science. *School*

Science and Mathematics, 91, 348-352.

Pollio, H. R. (1989). *Any question please.* In: Teaching-learning issues, Learning Research Center University of Tennessee, Knoxville.

Pressley, M., Wood, E., Woloshyn, V. E., Martin, V., King, A., & Menke, D. (1992). Encouraging mindful use of prior knowledge: Attempting to construct explanatory answers facilitates learning. *Educational Psychological, 27*(1), 91-109.

Ramirez, D. J. (1992). Executive summary. *Bilingual Research Journal, 16.* 1-62.

Redfield, D. L., & Rousseau, E. W. (1981). A meta-analysis of experimental research on teacher questioning behavior. *Review of Educational Research, 51*(2), 237-235.

Rosen, S. (1983). Perceived inadequacy and help seeking. In B. M. DePaulo, A. Nadelr, & J. D. Fisher (Eds.), *New directions in helping: Vol. 2. Help seeking* (pp. 73-107). San Diego, CA: Academic press.

Rosenshine, B. V. (1976). Classroom instruction. In N. L. Gage (Ed.), *The psychology of teaching methods.* Chicago: University of Chicago press.

____________ (1979). Content, time, and direct instruction. In P. Peterson & H. Walberg (Eds.), *Research on teaching: Concept, findings, and implications.* Berkeley, CA: McCutchan.

Rosenshine, B. V. & Furst, N. (1971). Research on teacher performance criteria. In B. O. Smith (Ed.), *Research in teacher education: A symposium.* Englewood Cliffs, NJ: Prentice-Hall.

__________________ (1973). The use of direct observation to study teaching. In R. M. W. Travers (Ed.), *Second handbook of research on teaching.* Chicago: Rand Mcnally.

Rowan, T. E. & Robles, J. (1998). Using questions to help children build mathematical power. *Teaching Children mathematics, 4*(9), 504-509.

Rowe, M. B. (1973). *Teaching science as continuous inquiry.* NY: McGraw-Hill Book Co.

Ryan, D. G. (1960). *Characteristics of teacher.* Washington, DC: American Council on Education.

Sachdeva, A. K. (1996). Use of effective questioning to enhance the cognitive abilities of students. *Journal of Cancer Education. 11*(1), 117-124.

Sadker, M. & Cooper, J. (1974). Increasing student higher-order questions. *Elementary English, 51,* 502-507.

Salend, S. J. & Lutz, J. G. (1984). Mainstreaming or mainlining: A competency based approach to mainstreaming. *Journal of Learning Disabilities, 17,* 492-499.

Samson, G. E., Strykowski B., Weinstein, T., & Walberg, H. J. (1987). The effects of teacher questioning levels in student achievement: A quantitative synthesis. *Journal of Educational Research, 80*(5), 290-295.

Sandler, B. R., Silverberg, L. A. & Hall, R, M, (1996). *The chilly classroom climate: a guide to improve the education of women.* Washington, DC: National Association for Women in Education.

Scardamalia, M. & Bereiter, C. (1992). Text-based and knowledge-based questioning by children. *Cognition and Instruction, 9*(3), 177-199.

Schmuck, R. A. & Schmuck, P. A. (2001). *Group processes in the classroom* (8th edition). NY: McGraw Hill.

Schwager, M. T. & Newman, R. S. (1991). *Children's perceptions of the classroom in relation to help-seeking.* Paper presented at the Annual meeting of the American Educational Research Association, Chicago,

Shapiro, E. G. (1983). Embarrassment and help seeking. In B. M. DePaulo, A. Nadler, & J. D. Fisher (Eds.), New directions in helping: Vol. 2. Help seeking (pp. 143-163). San Diego. CA: Academic press.

Shodell, M. (1995). The question-driven classroom. *The American Biology Teacher, 57,* 278-281.

Shulman, L. S. (1986). Paradigms and research programs in the study of teaching: a contemporary perspective. In M. E.. Wittrock, (Ed.), *Handbook of Research on Teaching* (3rd ed.). NY: Macmillan.

Seaberg, D. I. (1974). *The four faces of teaching: The role of the teacher in humanizing education*, Santa Monica Calif.: Goodyear Pub.

Sellappah S., Hussey T., Blackmore A. M., & McMurray A. (1998). The use of questioning strategies by clinical teachers. *Journal of Advanced Nursing, 28*(1), 142-148.

Sinatra, R. & Annacone, D. (1984). Questioning strategies to promote cognitive inquiry in the social studies. *Social Studies, 75,* 18-23.

Skodal-Wilson, H. (1985). Research in nursing. Menlo Park, CA: Addison-Welsley.

Smith, D. G. (1997). College classroom interactions and critical thinking. *Journal of Educational Psychology, 69*(2), 180-190.

__________ (1980). College instruction: Four empirical views. paper presented at annual meeting of AERA. Boston. (ERIC document reproduction service NO. ED 192676).

Stephanie, S. A. (1982). A study of the relationship between teaching techniques and student's achievement on high cognitive level question-asking skills (Doctoral dissertation, the university of Chicago, 1981). *Dissertation Abstracts International 42.*

Stigler, J., Fernandez, C., & Yoshida, M. (1996). *Traditions of school Mathematics in japanese and American elementary school*. In L.P. Steffe & P. Nesher(Eds.), Theories of mathematical learning. Mahwah, NJ: Lawrence Erlbaum Associates, 149-175.

Susskind, E. (1979). Encouraging teachers to encourage children's curiosity. *Journal of Clinical Child Psychology, 8,* 101-106.

Suzuki, L. A., Ahluwalia, M. K., Kwong Arora, A., & Mattis, J. S. (2007). The pond you fish in determines the fish you catch: Exploring strategies for qualitative data collection. *The Counseling Psychologist, 35*(2), 295-327.

Swift, J. N. & Gooding, C. T. (1983). Interaction of wait-time feedback and questioning instruction on middle school science teaching.

Journal of Research on Science Teaching, 20(8), 721-730.

Thibodeaux, T. M. & Siltanen, S. A. (1985). *Classroom communication climate: The development and testing of a measure of the nonverbal communication in the classroom.* Paper presented at the annual meeting of the national communication association, Denver, Co.

Thompson, J. B. (1991). *Language and symbolic power.* Cambridge: Polity.

Tinto, V. (1997). Classroom as communities: Exploring the educational character of student persistence. *Journal of Higher Education, 68*(6), 599-623.

Tizard, B., Hughes, M., Carmichael, H., & Pinkerton, G. (1983). Children's questions and adults' answers. *Journal of Child Psychology and Psychiatry, 24*(2), 269-281.

Tobin, K. G. (1987). The role of wait time in higher cognitive level learning. *Review of Educational Research, 57*(1), 69-95.

Tobin, K. G., & Tippins, D. (1993). Constructivism as a referent for teaching and learning. In K. G. Tobin (Ed.), *The practice of constructivism in science education.* NJ: Erlbaum.

Toledo, C. A. (2006). 'Does your dog bite?" Creating good questions for online discussion. *International Journal of Teaching and Learning in Higher Education, 18*(2), 150-154.

Tzelgov, J. & Henik, A. (1991). Suppression situations in psychological research: Definitions, implications, and applications. *Psychological Bulletin, 109*, 524-536.

van der Meij, H. (1986). *Questioning: A study on the questioning behavior of elementary school children.* The Hague, The Netherlands: SVO.

__________________ (1988). Constraints on question asking in classrooms. *Journal of Educational Psychology, 80*(3), 401-405.

__________________ (1990). Question asking: To know that you do not know in not enough. *Journal of Educational Psychology, 82,* 505-512.

Watters, M. (2000). Reciprocal questioning and computer-based instruction in introductory auditing: student perceptions. *Journal of Education for Business. 75*(5), 263-266.

Watts, M., Alsop, S., Gould, G., & Walsh, A. (1997). Prompting teachers' constructive reflection: pupil's questions as critical incidents. *International Journal of Science Education, 19,* 1025-1037.

Wellington, J. & Osborne, J. (2001). *Language and literacy in science education.* Buckingham, Philadelphia: Open University Press.

White, R. T. & Gunstone R. F. (1992). *Probing understanding.* London: Falmer.

Wilen, W. W. (1991). *Questioning skills for teachers. What research says to the teacher* (3rd ed.). Washington, DC: National Education Association.

____________ (1992) *Question, questioning techniques, and effective teaching.* Washington, DC: National Education Association.

Wimer J. W., Ridenour, C. S., Thomas, K., & Place A. W. (2001). Higher order teacher questioning of boys and girls in elementary mathematics classrooms. *Journal of Educational Research, 95*(2), 84-92.

Winne, P. H. (1979). Experiments relating teachers' use of higher cognitive questions to student achievement. *Review of Educational Research*, *49*(1), 13-50.

Winne, P. H. & Marx, R. W. (1982). Students' and teachers' view of thinking processes for classroom learning. *The Elementary School Journal, 82,* 493-518.

Wittrock, M. C. (1986). Students' thought processes. In M.C. Wittrock (Ed.), *Handbook of research on teaching* (pp. 297-314). NY: Macmillan.

Wong, B. Y. L. (1985). Self-questioning instructional research: *A review. Review of Educational Research, 55*(2), 227-268.

Wong, E. D. (1991). Beyond the question/nonquestion alternative in classroom discussion. *Journal of Educational Psychology, 83*(1), 159-162.

Wood, T. (1995). From alternative epistemologies to practice in education: Rethinking what it means to teach and learn. In L. P. Steffe & J. E. Gale (Eds.), *Constructivism in education.* (pp.331-339). Hillsdale, NJ: Lawrence Erlbaum Associates.

Wood, D. & Wood, H. (1988). Questioning versus student initiative. In J. T. Dillon (Ed.), *Questioning and discussion*(pp. 280-305). Norwood, NJ: Ablex.

Woodward, C. (1992). Raising and answering questions on primary science: some considerations. *Evaluation and Research in Education, 6*(2), 145-153.

Wragg, E. C. (2000). *An introduction to classroom observation.* London: Routledge.

Yu, F. Y., Han, C. L. & Chan, T. W. (2008). Experimental comparisons of face-to-face and anonymous real-time team competition in a networked gaming learning environment. *CyberPsychology & Behavior, 11*(4), 511-514.

Yu, F. Y. & Liu, Y. H. (2005). Potential values of incorporating multiple-choice question-construction for physics experimentation instruction. *International Journal of Science Education, 27*, 1319- 1335.

____________________ (2009). Creating a psychologically safe online space for a student-generated questions learning activity via different identity revelation modes. *British Journal of Educational Technology, 40*(6), 1109-1123.

Yu, F. Y., Liu, Y. H., Hung, C. C., & Chan, T. W. (2003). Construction and evaluation of a web-based question-posing and peer assessment learning system. *Innovations in Education and Teaching International, 42*(4). 337-348.

Zoller, U. (1987). The fostering of question-asking capability: a meaningful aspect of problem-solving in chemistry. *Journal of Chemical Education. 64.* 510-512.

__________ (1994). The examination where the student asks the questions. *School Science and Mathematics, 94,* 347-349.

저자소개

황청일

현) 연성대학교 유아교육학과 교수

연세대학교 대학원 교육학과 석박사
한국대학교육협의회 선임연구원
경희대학교 학술연구교수
연세대학교 의학교육학과 Post Doc.

학생들은 수업시간에 왜 질문하지 않는가?

초판 1쇄 인쇄 / 2020년 12월 1일
초판 1쇄 발행 / 2020년 12월 5일

저 자 / 황 청 일
발행인 / 이 중 수
발행처 / **동 문 사**

서울특별시 서대문구 홍제원 1길 12
(홍제동 137-8)
Tel : 02)736-3718(대), 736-3710, 3720
Fax : 02)736-3719
등록번호 : 1974.04.27. 제9-17호
가격 : 13,000원

ISBN : 979-11-6328-195-5 (93370)
E-mail : dong736@naver.com
www.dongmunsa.com